21世纪立体化中等职业学校规划教材·财经系列

新编成本会计
学习指导与练习

（第2版）

果洪斌　张庆春　主　编
张洪蕾　张春荣　王海燕　副主编
李国志　赵旭亮　参　编

電子工業出版社
Publishing House of Electronics Industry
北京·BEIJING

内容简介

本书是《新编成本会计实务(第2版)》的配套实训与习题,内容遵循财政部《企业会计准则》及应用指南,并按最新的知识体系编写。

本书的内容与主教材保持一致。每个模块的题型有单项选择题、多项选择题、判断题、实训题和简答题,还附有4套模拟测试题。本书具有较强的实用性和操作性,既能满足教学的需要,又能满足顶岗的需求。

本书紧密联系企业的实际工作,注重成本计算相关单据的填列,便于知识的掌握和技能的培养,力争达到学校与企业的零距离对接。

本书可作为中等职业学校财经类专业及管理类专业的教学强化训练用书,也可作为会计工作人员自学和培训的练习用书。

图书在版编目(CIP)数据

新编成本会计学习指导与练习/果洪斌,张庆春主编. --2版. --北京:电子工业出版社,2014.6
21世纪立体化中等职业学校规划教材. 财经系列
ISBN 978-7-121-23312-8

Ⅰ. ①新… Ⅱ. ①果… ②张… Ⅲ. ①成本会计—中等专业学校—教学参考资料 Ⅳ. ①F234.2

中国版本图书馆CIP数据核字(2014)第107443号

策划编辑:陈 虹 张思博
责任编辑:陈 虹 特约编辑:许振伍
印 刷:三河市鑫金马印装有限公司
装 订:三河市鑫金马印装有限公司
出版发行:电子工业出版社
北京市海淀区万寿路173信箱 邮编 100036
开 本:787×1 092 1/16 印张:10 字数:250千字
版 次:2010年7月第1版
2014年6月第2版
印 次:2014年6月第1次印刷
印 数:3 000册 定价:23.00元

凡所购买电子工业出版社图书有缺损问题,请向购买书店调换。若书店售缺,请与本社发行部联系,联系及邮购电话:(010)88254888。

质量投诉请发邮件至 zlts@phei.com.cn,盗版侵权举报请发邮件至 dbqq@phei.com.cn。

服务热线:(010)88258888。

第2版前言

2006年，财政部修订了会计基本准则和具体准则，新会计准则体系的建立对规范我国会计工作意义重大。为了在短时间内准确把握新准则的核算要求，我们编写了《新编成本会计实务》及配套的《新编成本会计学习指导与练习》，该书于2010年7月出版后得到了广大读者的关注和认可。随着经济的不断发展，近几年又有一些新的会计准则解释出台。为了更好地适应经济形势的发展和教学要求，我们对第1版教材做了重要的补充和修改，《新编成本会计学习指导与练习(第2版)》具有如下特点。

1. **内容更新。**本书仍以2006年财政部颁布的《企业会计准则》为主要编写依据，同时根据《企业会计准则解释》对相关内容进行了调整。本书在修订中突出“以就业为导向，以学生为主体，着眼于学生职业生涯发展”的编写理念，将培养学生的自主学习能力、自主探究能力及成本核算能力作为职业能力目标，将培养良好的职业道德与合作创新精神作为素质目标。

2. **结构合理。**基于教学改革的要求，本书配合教材做了适当的增减，按模块进行教学与学习指导，将内容细分为10个模块，并将每个模块细化为若干项任务，通过知识要点、要点点拨、业务处理、关键名词、案例阅读、典型例题解析等内容逐渐加深学生对所学知识的理解。

3. **适用面广。**本书适合职业类院校的教学和会计从业人员的自学及各类培训。

4. **突出指导。**本书注重做中学、做中教，突出理实一体化的教学模式，使学生在仿真环境下模拟企业的实际运作，提高学生成本核算的操作能力。

本书由果洪斌、张庆春担任主编，张洪蕾、张春荣、王海燕担任副主编，李国志、赵旭亮参编。王海燕编写模块一至模块三，赵旭亮编写模块四和模块十，张洪蕾编写模块五，李国志编写模块六，张庆春编写模块七，张春荣编写模块八，果洪斌编写模块九，张庆春、张洪蕾编写了模拟测试题。全书由张庆春、张洪蕾统稿。

本书在编写过程中得到了黑龙江省贸易经济学校、唐山市对外经济贸易学校、烟台理工学校、广东省经济贸易职业技术学校、河南省财经学校、丹东市中等职业技术专业学校的大力协助，在此表示衷心感谢。

本书在编写过程中参考了相关资料，走访了多家企业，在此一并表示感谢。尽管我们为编写本书付出了很大的努力，但是由于实践经验不足和时间紧张，书中难免有疏漏之处，欢迎广大读者批评指正，以便再版时修正完善。

编　者

第1版前言

职业教育承担着培养技能型的高素质劳动者的重任，为了完成职业教育的培养目标，本书以成本会计所需要掌握的知识和技能为核心，以理论知识灵活运用为标准，侧重操作方面的训练。通过本书，学生可以掌握生产费用的归集和分配、产品成本的计算，真正体会到“学中做，做中学”的职业教育模式。

本书具有如下特点。

1.按照会计工作的需要，构建学习模块。

2.按照典型业务设置习题，注重实际应用。

3.语言通俗易懂，题型紧密结合实际，体现灵活运用。

4.和主教材——《新编成本会计实务》相配套，便于巩固知识。

全书共10个模块，包括成本会计相关概念、成本核算的基本要求、一般程序及账户设置、要素费用的归集和分配、辅助生产费用的归集和分配、制造费用的归集和分配、废品损失和停工损失的归集和分配、生产费用在完工产品成本和在产品成本之间的分配方法、产品成本计算的基本方法、产品成本计算的辅助方法、成本报表的编制与分析。

本书由黑龙江省贸易经济学校果洪斌、张庆春任主编，张宏蕾任副主编，吴德华、王海燕参加了编写。张庆春和王海燕编写模块一至模块三，张红蕾编写模块四至模块六，果洪斌和吴德华编写模块七至模块十，果洪斌和张红蕾编写模拟测试题。全书由果洪斌统稿。

在本书编写过程中得到了广东省经济贸易职业技术学校、河南省财经学校、丹东市中等职业技术专业学校的大力协助，在此表示衷心感谢。

本书在编写过程中参考了相关的成本会计教材和习题集，在此对相关作者一并表示感谢。由于编者水平有限，书中难免有不足之处，欢迎读者批评指正。

编　者

目　录

模块一
成本会计相关概念

知识要点

一、成本会计的对象

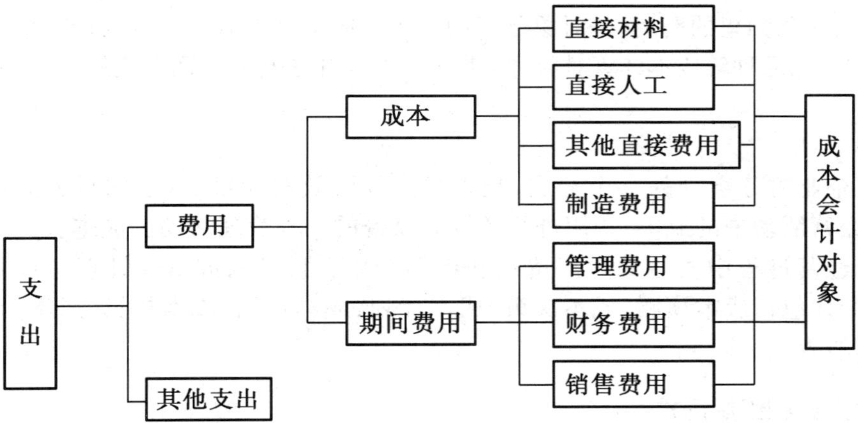

二、成本会计的内容

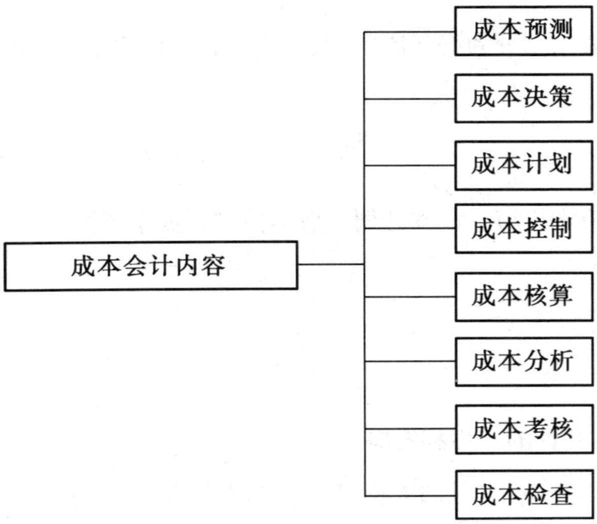

三、成本核算的方式

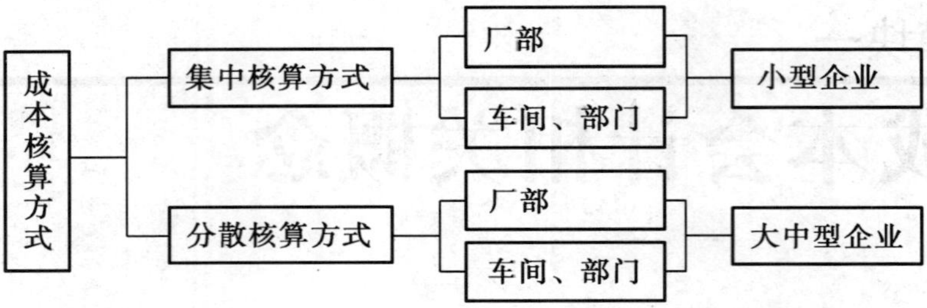

要点点拨

1. 成本

成本是按一定对象归集的费用，是对象化了的费用。成本是相对于一定的产品而言发生的费用，是按照产品品种等成本计算对象对当期发生的费用进行归集而形成的。

2. 成本会计

成本会计是企业财务会计的一个分支，是以提高经济效益为目的，运用财务会计方法，对企业生产经营活动中的成本、费用进行核算和监督的一种管理活动。成本会计的对象是企业在生产经营过程中发生的生产费用和期间费用。狭义的成本会计仅指成本核算，广义的成本会计包括成本预测、成本决策、成本计划、成本控制、成本核算、成本分析、成本考核和成本检查。

3. 成本核算方式和组织形式

成本会计工作可以采用集中核算方式和分散核算方式，一般而言，大中型企业可采用分散核算方式，小型企业可采用集中核算方式。

成本会计工作的组织形式按成本要素划分为材料成本、人工成本和间接费用成本组。

关键名词

支出　费用　成本　成本预测　成本决策　成本计划　成本控制　成本核算　成本分析

案例阅读

成本会计的产生和发展

成本会计是随着商品经济的形成而产生，并且随着商品经济的发展而发展的。成本会计的发展大体上可以分为 3 个主要阶段。

1. 早期成本会计阶段(1880—1920年)

成本会计起源于英国,19世纪英国工业革命后,机器代替了手工劳动,工厂制代替了手工工场,为了满足企业管理上的需要,开始了成本计算的研究,形成了成本会计。该阶段的成本会计被认为是汇集生产成本的一种制度,主要采用分批法或分步法来计算和确定生产成本和销售成本。

2. 近代成本会计阶段(1921—1950年)

20世纪初,资本主义企业推行泰勒的科学管理体制。于是,美国会计学家提出了标准成本会计制度。成本会计不仅要计算和确定产品的生产成本和销售成本,还要事先进行成本预算,制定成本标准,为生产过程的成本控制提供条件,应用的范围也从原来的工业企业扩大到各行各业。

3. 现代成本会计阶段(1951年以后)

第二次世界大战以后,科学技术迅速发展,成本计算吸收了管理会计的思想,使管理会计与成本会计密切配合,形成了新的着重管理的成本会计。成本会计发展重点趋向预测、规划及决策,实行最优化控制,从而形成了新型的以治理为主的现代成本会计。

自20世纪80年代以来,计算机技术的进步,生产方式的改变,产品生命周期的缩短,以及全球性竞争的加剧,大大改变了产品成本结构与市场竞争模式。计算机在成本计算中的充分应用,使成本信息反馈更加及时。成本会计演变为成本与管理相结合,以成本干预生产的新形式。

典型例题解析

一、判断正误

成本会计的对象就是产品的生产费用。 ( )

参考答案:×

答案解析:成本会计的对象是指企业在生产经营过程中发生的生产费用和期间费用,而不是仅仅是产品的生产费用。

二、选择题

1. 下列应计入产品成本的费用是( )。

A. 管理费用 B. 财务费用 C. 销售费用 D. 制造费用

参考答案:D

答案解析:管理费用、财务费用和销售费用都属于企业的期间费用,不计入产品的成本,直接计入当期损益。

2. 下列属于成本会计的内容的有( )。

A. 成本预测 B. 成本决策 C. 成本核算 D. 成本报表

参考答案:ABC

答案解析:成本会计的内容包括成本预测、成本决策、成本计划、成本控制、成本核算、成本分析、成本考核和成本检查。

练习题

一、单项选择题

1. 狭义的成本会计通常是指( )。
   A. 成本预算 B. 成本核算 C. 成本考核 D. 成本控制
2. 成本会计的对象是( )。
   A. 产品生产成本 B. 各项生产费用
   C. 生产费用和期间费用 D. 期间费用
3. 按费用的( )进行分类,可以将企业发生的费用划分为应计入产品成本和不应计入产品成本两大类。
   A. 经济内容 B. 经济性质 C. 经济用途 D. 经济含义
4. 成本会计是会计的一个分支,是以( )为对象的一种专业会计。
   A. 企业 B. 会计主体 C. 成本 D. 资金
5. 下列支出属于发生时直接作为费用的项目是( )。
   A. 偿还借款 B. 分配利润 C. 生产耗料 D. 购建固定资产
6. 成本会计应做的几个方面的工作内容,其基础是( )。
   A. 成本控制 B. 成本核算 C. 成本分析 D. 成本考核
7. ( )是进行成本决策和编制成本计划的依据。
   A. 成本预测 B. 成本控制 C. 成本核算 D. 成本分析
8. 作为成本控制与考核的依据是( )。
   A. 成本预测 B. 成本决策 C. 成本计划 D. 成本核算
9. 集中成本核算方式的缺点是( )。
   A. 不利于掌握成本全面信息 B. 不利于计算机进行数据处理
   C. 不利于实行责任成本核算 D. 增加了成本会计机构的层次
10. 分散成本核算方式中,厂部成本会计机构的工作为( )。
    A. 会计凭证的审核、整理、汇总 B. 各种费用的归集和分配
    C. 生产费用的明细核算 D. 生产费用的总分类核算

二、多项选择题

1. 广义的成本会计不仅包括成本核算,还包括( )等内容。
   A. 成本预测 B. 成本决策 C. 成本控制 D. 成本考核
2. 应计入产品成本的费用包括( )。
   A. 直接材料 B. 直接人工 C. 其他直接费用 D. 制造费用
3. 下列属于期间费用的是( )。
   A. 财务费用 B. 制造费用 C. 管理费用 D. 销售费用

4. 下列支出不属于费用范畴的是(　　　　)。

A. 偿还借款　　B. 分配利润　　C. 购买材料　　D. 支付薪酬

5. 下列最终体现企业资源的流出的是(　　　　)。

A. 支出　　B. 费用　　C. 成本　　D. 资产

6. 下列属于成本会计基础工作的有(　　　　)。

A. 健全成本会计机构　　B. 配备成本会计人员

C. 选择成本核算方式　　D. 选择工作组织形式

7. 成本计划可以提高企业领导和职工降低成本的自觉性,也可以作为(　　　　)的重要依据。

A. 成本控制　　B. 成本计算　　C. 成本考核　　D. 成本核算

8. (　　　　)是制订成本计划的前提,也是实现成本目标和提高经济效益的重要途径。

A. 成本预测　　B. 成本决策　　C. 成本核算　　D. 成本分析

9. 企业在设置成本会计机构时,应考虑的因素有(　　　　)。

A. 企业规模的大小　　B. 成本管理的要求

C. 成本会计的对象　　D. 对外报告的对象

10. 成本核算的方式包括(　　　　)。

A. 集中核算　　B. 定期核算　　C. 分散核算　　D. 不定期核算

三、判断题

1. 成本是企业生产经营过程中发生的各种耗费的总称。　(　)
2. 季节性和修理期间的停工损失虽然不形成产品的价值,但也应该计入产品成本。　(　)
3. 制造费用和期间费用均不应计入产品成本。　(　)
4. 成本会计的对象是指企业在生产经营过程中发生的生产费用和期间费用。　(　)
5. 进行成本决策是制订成本计划的前提。　(　)
6. 成本分析是对成本计划及有关指标的完成情况进行考察和评价。　(　)
7. 成本检查可以定期进行,也可以突击进行。　(　)
8. 成本会计机构是指处理成本会计的职能部门。　(　)
9. 采用集中成本核算有利于实行责任成本核算。　(　)
10. 成本会计的组织形式按成本要素划分为材料成本、人工成本和间接费用成本组。　(　)

四、简答题

1. 什么是支出、费用和成本？三者之间的联系和区别是什么？

2. 什么是成本会计的对象？其具体内容有哪些？

3. 简要说明成本核算在成本会计的地位。

4. 简要说明成本会计人员应具备的素质。

5. 简要说明集中核算方式与分散核算方式的优缺点。

模块二

成本核算的基本要求、一般程序及账户设置

知识要点

一、成本耗费的界限划分

- 成本耗费
  - 产品成本与期间费用的界限
    - 产品成本
    - 期间费用
  - 各期成本的界限
    - 本月产品成本
    - 其他月份产品成本
  - 各种产品成本的界限
    - ××产品成本
    - ××产品成本
  - 完工产品和在产品成本的界限
    - 完工产品成本
    - 月末在产品成本

二、成本核算的一般程序

- 成本核算一般程序
  - 收集、整理成本计算资料
  - 确定成本核算中心和成本计算对象
  - 确定成本计算期
  - 确定成本项目
  - 归集和分配各项费用
  - 登记成本账，编制成本计算表

三、成本核算的账户设置

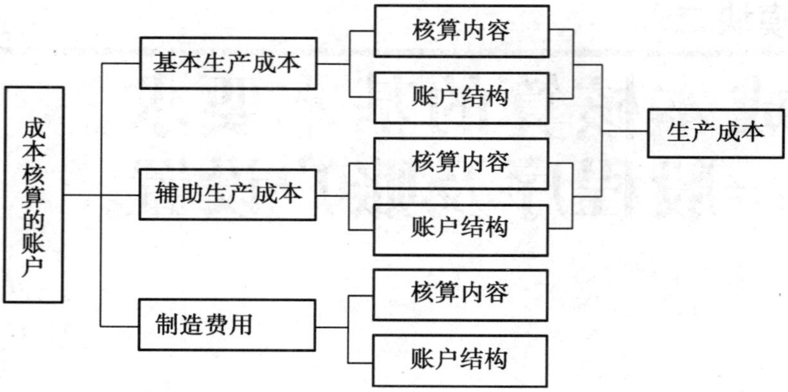

要点点拨

1. 成本核算的基本要求

产品成本核算既是对生产过程耗费归类反映的过程，也是对成本计划进行检查和控制的过程。在产品成本核算过程中，要做到 4 项基本要求：严格执行会计法规制度的计量要求；正确划分各种成本耗费的界限；以权责发生制为计算基础；做好成本核算的基础工作。

2. 成本耗费的界限划分

为了加强对成本的控制，正确计算产品成本，必须划分清楚 4 个方面的成本界限：正确划分产品成本与期间费用的界限；正确划分各期的成本界限；正确划分各种产品的成本界限；正确划分完工产品和在产品的成本界限。

3. 成本核算的基础工作

为了正确计算生产过程中的各种成本耗费，保证产品成本的准确性，必须做好成本核算的 5 项基础工作：定额的制定和修订；材料物资的计量、验收、领退和盘点；原始记录；内部结算价格的制定和修订；成本计算方法的选择。

4. 成本核算的一般程序

产品成本核算的一般程序是：收集、整理成本计算资料；确定成本核算中心和成本计算对象；确定成本计算期；确定成本项目；正确地归集和分配各种费用；设置和登记明细分类账，编制成本计算表。

5. 成本核算的账户设置

为了归集和分配各项应计入产品成本的耗费，计算产品成本，企业一般需设置“基本生产成本”、“辅助生产成本”、“制造费用”等总分类账户及明细分类账户。

6. 成本核算的账务处理

产品成本核算的账务处理包括：归集和分配各项要素费用；分配辅助生产费用；分配制造费用；将“基本生产成本”账户归集的产品成本在本期完工产品和期末在产品之间分配。

关键名词

成本计算对象　成本项目　期间费用　基本生产　辅助生产　权责发生制　原始记录

案例阅读

成本会计的原始记录

原始记录是提供成本计算数据的主要方式，是按照规定的格式，对企业生产经营活动中的具体事项所做的最初书面记载，是成本核算和管理的重要依据。

成本会计有关的原始记录主要包括以下内容。

① 材料物资方面的原始记录，反映材料物资的收、发、领、退等，包括材料物资验收入库单、领料单、限额领料单、退料单、材料物资盘点报告单等。

② 劳动工资方面的原始记录，反映职工人数、调动、考勤、工资、工时利用、停工情况、有关津贴等项记录，包括劳动合同、员工工薪记录、员工签到和考勤记录、员工考核评价记录、请假单等。

③ 设计及工艺改动方面的原始记录，反映产品设计改动、工艺路线变化、工时材料定额变动等项的记录，如产品设计修改通知单、工艺路线变动通知单、定额变动通知单等。

④ 生产方面的原始记录，反映产品从初始投入至验收入库的过程，包括生产合同、生产计划单、开工、停工、废品、完工通知单、产成品、半成品、在产品的入库、调拨、交接、报废通知单、生产记录、产品质量检测记录、事故处理记录等。

⑤ 设备使用方面的原始记录，反映设备验收、交付使用、维修、封存、调拨、报废的情况，如固定资产验收单、固定资产调拨单、在建工程转固验收单、设备运转记录等。

⑥ 动力消耗方面的原始记录，反映根据各计量仪表所显示的水、电、汽、风的实际耗用量，如动力耗费记录等。

企业应根据生产和管理的实际情况，建立、健全各项原始记录，并指定专职管理原始记录的机构和人员，统一规定各类原始记录的格式、内容、填写、审核、签署、传递、存档等要求，保证原始记录管理的规范化和标准化。

典型例题解析

一、判断正误

成本项目是生产费用按其经济用途的分类。　　（　）

参考答案：√

答案解析：生产费用按其经济内容（性质）分类就是要素费用，按其经济用途分类就是成本项目。

二、选择题

1. "基本生产成本"账户月末借方余额表示（　　）。
   A. 完工产品成本　　B. 本期发生的生产费用
   C. 月末在产品成本　　D. 累计发生的生产费用

参考答案：C

答案解析："基本生产成本"账户借方登记企业进行基本生产而发生的各项费用；贷方登记完工入库的产品成本；期末余额在借方，表示月末在产品成本。

2. 产品成本项目中的直接材料包括直接用于产品生产、构成产品实体的（　　）。
   A. 原料　　B. 主要材料　　C. 辅助材料　　D. 车间修理用材料

参考答案：ABC

答案解析：直接材料是指直接用于产品生产、构成产品实体的原料和主要材料、辅助材料。D车间修理用材料属于制造费用。

练习题

一、单项选择题

1. 正确计算产品成本，应做好的基础工作是（　　）。
   A. 确定成本项目　　B. 正确划分各种费用界限
   C. 建立健全各种原始记录　　D. 确定成本计算对象
2. 下列属于要素费用的是（　　）。
   A. 直接材料　　B. 外购材料　　C. 直接人工　　D. 制造费用
3. 下列不能计入产品成本的费用是（　　）。
   A. 车间厂房折旧费　　B. 有助于产品形成的辅助材料
   C. 房产税、车船使用税等　　D. 外购和自制的燃料和动力
4. 下列应计入产品的费用有（　　）。
   A. 管理费用　　B. 财务费用　　C. 制造费用　　D. 销售费用
5. 下列属于产品成本项目的有（　　）。
   A. 直接人工　　B. 外购燃料　　C. 外部加工费　　D. 利息费用
6. 直接人工成本项目是指（　　）。
   A. 车间职工的薪酬　　B. 生产工人的薪酬
   C. 职工的工资及各种津贴　　D. 企业职员和工人的薪酬
7. 用来核算企业为生产产品和提供劳务而发生的各项间接费用的账户是（　　）。
   A. "基本生产成本"　　B. "制造费用"　　C. "管理费用"　　D. "财务费用"
8. 为基本生产服务而进行的产品生产和劳务供应所发生的费用，应计入（　　）。
   A. 基本生产成本　　B. 辅助生产成本　　C. 制造费用　　D. 管理费用

9. 企业为生产产品发生的原料及主要材料的耗费，应通过(　　)账户核算。
   A. “基本生产成本”　　B. “制造费用”
   C. “管理费用”　　D. “辅助生产成本”
10. 要素费用是指按其(　　)的分类。
   A. 经济用途　　B. 经济内容　　C. 计入方式　　D. 生产工艺

二、多项选择题

1. 为了正确计算产品成本，必须正确划分以下几个方面的费用界限(　　)。
   A. 各产品的费用界限　　B. 各月份的费用界限
   C. 完工产品与在产品的费用界限　　D. 生产费用与经营管理费用的界限
2. 要划清应计入本期成本和不应计入本期成本的费用界限，应遵循(　　)。
   A. 会计分期原则　　B. 权责发生制原则
   C. 历史成本原则　　D. 重要性原则
3. 工业企业的生产经营管理费用包括(　　)。
   A. 生产费用　　B. 销售费用　　C. 管理费用　　D. 财务费用
4. 下列属于工业企业费用要素的有(　　)。
   A. 利息费用　　B. 外购动力　　C. 原材料　　D. 税金
5. 下列属于成本项目的有(　　)。
   A. 管理费用　　B. 制造费用　　C. 直接人工　　D. 直接材料
6. 下列不属于成本项目的有(　　)。
   A. 工资　　B. 税金　　C. 工资附加费　　D. 利息支出
7. 下列属于期间费用项目的有(　　)。
   A. 广告费用支出　　B. 退休人员支出
   C. 向投资者分配的利润　　D. 支付的税收滞纳金
8. 计入产品成本的生产费用按计入方式不同分为(　　)。
   A. 制造费用　　B. 直接人工　　C. 直接费用　　D. 间接费用
9. 下列不应计入产品成本的费用有(　　)。
   A. 企业行政管理人员薪酬　　B. 直接用于生产产品的原材料
   C. 生产车间管理人员薪酬　　D. 专设销售机构人员的薪酬
10. “基本生产成本”账户用来核算企业生产的(　　)等所发生的各项生产费用。
   A. 商品产品　　B. 自制材料　　C. 自制设备　　D. 自制工具

三、判断题

1. 在实际工作中，哪些费用应计入产品成本，哪些费用不应计入产品成本，具体执行标准是国家规定的成本开支范围。(　)
2. 为了正确计算成本、费用，对财产物资的计价和价值结转方法既要合理又要简便。(　)
3. 工业企业中，基本费用都属于直接费用，一般费用都属于间接费用。(　)
4. 生产工人的薪酬都是直接费用。(　)

5. 原材料费用都是直接费用。（ ）
6. 要素费用中的外购材料与成本项目中的直接材料费用内涵是一致的。（ ）
7. 凡应计入产品成本的支出，都应作为期间费用处理。（ ）
8. 工业企业发生的销售费用、管理费用、财务费用不计入产品成本。（ ）
9. 企业在生产经营活动中发生的一切费用支出都应计入产品成本。（ ）
10. 期间费用在发生的当期就全部转入损益而不计入产品成本。（ ）

四、实训题

实训 1

目的

练习产品成本和期间费用的划分。

资料

某企业本月有关费用支出如下。

(1) 生产产品耗用原材料 100 000 元，生产车间一般耗用 5 000 元，行政管理部门耗用 2 000元。

(2) 生产工人薪酬 50 000 元，车间管理人员薪酬 8 000 元，行政管理人员薪酬 10 000元。

(3) 厂房折旧 80 000 元，机器折旧 30 000 元，办公楼折旧 20 000 元。

(4) 车间办公费 2 000 元，行政管理部门办公费 3 000 元。

(5) 车间水电费 5 000 元，行政管理部门水电费 2 800 元。

(6) 劳动保险费 1 000 元。

(7) 借款利息 2 500 元。

要求

判断上述项目归属，并将相应金额填入表 2.1。

表 2.1 成本费用

序　号	产品成本	期间费用
合　计		

实训 2

目的

练习产品成本项目的划分。

资料

某企业生产甲、乙两种产品，本月生产车间发生的各项费用如下。

（1）生产车间消耗材料 20 000 元，其中用于产品生产 18 000 元，用于一般消耗2 000元。

（2）生产车间人员薪酬 30 000 元，其中生产工人 22 000 元，车间管理人员 8 000 元。

（3）生产用机器折旧 8 000 元，车间用房折旧 10 000 元。

（4）试验检验费 800 元。

（5）劳动保护费 2 000 元，保险费 1 000 元。

（6）办公费 300 元，水电费 500 元。

要求

判断上述项目归属哪个产品成本项目，并将金额填入表 2.2。

表 2.2

产品成本项目

序　号	直接材料	直接人工	制造费用
合　计			

五、简答题

1. 成本核算应做好哪些基础工作？

2. 产品成本项目有哪些？

3. 产品成本核算需要设置哪些会计账户？这些账户如何归集生产费用？

4. 什么是成本计算对象？如何确定成本计算对象？

5. 简述成本核算的一般程序。

模块三 要素费用的归集和分配

知识要点

一、要素费用归集和分配的原则

- 归集和分配的原则
  - 可靠性原则
  - 重要性原则
  - 受益性原则
  - 可比性原则

二、要素费用归集和分配的处理

- 要素费用归集和分配的会计处理
  - 计入产品成本
    - 基本生产成本
    - 辅助产生成本
    - 制造费用
  - 计入期间费用
    - 管理费用
    - 销售费用
    - 财务费用

三、材料费用的归集和分配

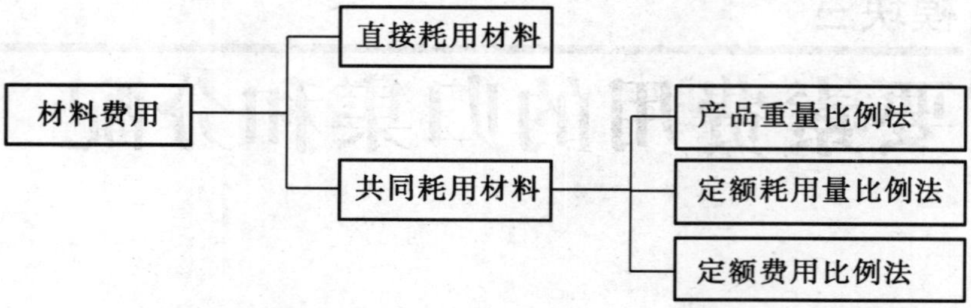

四、人工费用的归集和分配

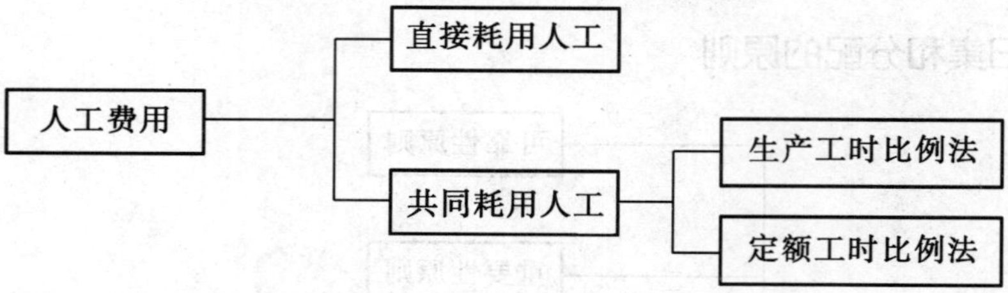

要点点拨

1. 要素费用归集和分配的原则

可靠性原则要求以生产经营过程中实际发生的各种耗费为依据来归集和分配要素费用;重要性原则要求对于重大成本费用应单列项目、重点核算,而对于相对较小的成本费用可以合并核算;受益性原则要求按受益对象和受益程度归集和分配要素费用;可比性原则要求同一企业在不同时期归集和分配要素费用的方法应当保持一贯性,使前后各期的成本资料相互可比。

2. 要素费用归集和分配的方法

凡是为某受益对象所消耗并能确认其负担数额的直接费用,均应直接计入该受益对象的成本、费用中。凡是为几个受益对象共同消耗或无法确定为哪个受益对象所消耗的间接费用,则需选择适当的分配方法,分配计入各受益对象的成本、费用中。常用的分配标准主要有 3 类:①成果类;②消耗类;③定额类。

3. 要素费用归集和分配的会计处理

计入产品成本的要素费用:企业基本生产车间为完成主要生产目的进行产品生产而直接耗用的要素费用,应计入基本生产成本;企业辅助生产车间为基本生产服务进行产品生产和劳务供应而直接耗用的要素费用,应计入辅助生产成本;企业生产车间为组织和管理生产而间接耗用的要素费用,应计入制造费用。计入期间费用的要素费用有管理费用、销售费用、财务费用。

4. 材料费用的归集和分配

材料应按照品种、规格设立材料明细账，进行材料收入、发出和结存的明细核算。材料费用按照材料的领用部门和用途分配给相应的受益对象。由几种产品共同耗用的材料应采用适当的分配方法分配计入各产品，常用分配方法有产品重量（体积、面积等）比例法、定额耗用量比例法和定额费用比例法。

5. 人工费用的归集和分配

人工费用按照发生的地点和用途归集，一般直接计入到各受益对象的成本费用中。如果生产车间同时生产几种产品，应采用一定的方法分配计入各产品成本中。通常以产品生产耗用的生产工时为分配标准，也可以以产品的定额工时为分配标准。

6. 外购动力费用的归集和分配

外购动力费用可以根据各车间和部门计量装置上记录的耗用数量乘以规定的单价来确定；而在没有仪器仪表等计量装置的情况下，生产产品直接耗用的动力费用可以以生产工时、机器工时或定额消耗量等为分配标准进行分配。

要素费用的归集和分配的计算

1. 材料费用的分配

(1) 直接耗用费用的分配

直接耗用的费用直接分配给受益对象。

(2) 共同耗用材料费用的分配

① 产品重量（体积、面积等）比例法。该方法就是根据产品的重量（体积、面积等）来分配共同耗用的材料。

② 定额耗用量比例法。

某种产品的材料定额消耗量＝该产品的产量×该产品的材料消耗定额

$$材料定额消耗量分配率=\frac{材料实际消耗总量}{各种产品的材料定额消耗量之和}$$

某种产品应分配的材料数量＝该产品材料定额消耗量×材料定额消耗量分配率

某种产品应分配的材料费用＝该产品应分配的材料数量×材料单价

③ 定额费用比例法。

某种产品的材料定额费用＝该产品的产量×该产品的材料费用定额

＝该产品的产量×该产品的材料消耗定额×材料单价

$$材料定额费用分配率=\frac{材料实际费用总额}{各种产品的材料定额费用之和}$$

某种产品应分配的材料费用＝该产品的材料定额费用×材料定额费用分配率

2. 人工费用的分配

人工费用指每种产品应负担的职工薪酬费用。产品生产工时比例法的计算公式如下。

$$职工薪酬费用分配率=\frac{职工薪酬费用总额}{各种产品的生产工时之和}$$

某种产品应分配的职工薪酬费用＝该产品的生产工时×职工薪酬费用分配率

业务处理

1. 材料费用的分配

借：基本生产成本——×产品——直接材料（产品耗用）
　　基本生产成本——×产品——直接材料（产品耗用）
　　辅助生产成本——机修车间（辅助生产车间耗用）
　　辅助生产成本——供水车间（辅助生产车间耗用）
　　制造费用——基本车间——机物料消耗（生产车间耗用）
　　管理费用——其他费用（厂部管理部门耗用）
　　销售费用——其他费用（销售部门耗用）
　　贷：原材料——×材料

2. 人工费用的分配

借：基本生产成本——×产品——直接人工（生产车间工人工资）
　　基本生产成本——×产品——直接人工（生产车间工人工资）
　　辅助生产成本——机修车间（辅助生产车间工人工资）
　　辅助生产成本——供水车间（辅助生产车间工人工资）
　　制造费用——基本车间——职工薪酬（生产车间管理人员工资）
　　管理费用——职工薪酬（厂部管理部门管理人员工资）
　　销售费用——职工薪酬（销售人员工资）
　　贷：应付职工薪酬

3. 外购动力的分配

借：基本生产成本——×产品——燃料及动力（生产车间生产产品耗用的燃料及动力）
　　基本生产成本——×产品——燃料及动力（生产车间生产产品耗用的燃料及动力）
　　辅助生产成本——机修车间（辅助生产车间耗用的燃料及动力）
　　辅助生产成本——供水车间（辅助生产车间耗用的燃料及动力）
　　制造费用——基本车间——水电费（生产车间管理耗用的燃料及动力）
　　管理费用——水电费（厂部管理部门耗用的燃料及动力）
　　销售费用——水电费（销售部门耗用的燃料及动力）
　　贷：应付账款

4. 折旧费的分配

借：制造费用——基本车间——折旧费（生产车间固定资产计提的折旧费）
　辅助生产成本——机修车间（辅助生产车间固定资产计提的折旧费）
　辅助生产成本——供水车间（辅助生产车间固定资产计提的折旧费）
　管理费用——折旧费（厂部管理部门固定资产计提的折旧费）
　销售费用——折旧费（销售部门固定资产计提的折旧费）
　贷：累计折旧

关键名词

受益性原则　可靠性原则　消耗定额　定额消耗量　费用定额　定额费用
生产工时比例法　计时工资　计件工资　非货币性福利

案例阅读

职工薪酬

职工薪酬是指企业为获得职工提供的服务而给予的各种形式的报酬及其他相关支出，包括职工在职期间和离职后提供给职工的全部货币性薪酬和非货币性福利。企业提供给职工配偶、子女或其他被赡养人的福利等，也属于职工薪酬。

这里所称“职工”比较宽泛，包括3类人员：一是与企业订立劳动合同的所有人员，含全职、兼职和临时职工；二是未与企业订立劳动合同，但由企业正式任命的企业治理层和管理层人员，如董事会成员、监事会成员等；三是在企业的计划和控制下虽未与企业订立劳动合同或未由其正式任命，但为其提供与职工类似服务的人员。

职工薪酬包括：职工工资、奖金、津贴和补贴；职工福利费；医疗保险费、养老保险费、失业保险费、工伤保险费和生育保险费等社会保险费；住房公积金；工会经费和职工教育经费；非货币性福利；因解除与职工的劳动关系而给予的补偿；其他与获得职工提供的服务相关的支出。

典型例题解析

一、判断正误

固定资产在全部使用年限内应计提折旧额，这就是固定资产的全部原始价值。（　）

参考答案：×

答案解析：固定资产应计提折旧额，是固定资产的原始价值扣除预计净残值。

二、选择题

1. 要核算每个职工的应得计件工资，其主要依据是（　　）。

A. 工资卡　　B. 考勤记录　　C. 工资单　　D. 产量记录

参考答案:D

答案解析:计时工资是根据每个职工工资卡片上确定的工资标准,按照考勤记录中记录的出勤或缺勤情况来计算;计件工资是根据产量记录中登记的每个工人的产品产量,乘以规定的计件单价来计算。

2. 对于几种产品生产时共同耗用材料费用的分配,常用的分配标准有(　　)。

A. 工时定额　　B. 生产工人工资

C. 材料定额费用　　D. 材料定额消耗量

参考答案:CD

答案解析:共同耗用材料费用的分配是指由几种产品共同耗用,在领用时无法确定每种产品分别耗用多少的情况。此时应采用适当的分配方法分配计入各产品的"直接材料"成本项目。常用的分配方法有产品重量(体积、面积等)比例法、定额耗用量比例法和定额费用比例法。

练习题

一、单项选择题

1. 间接计入费用是指(　　)。

A. 行政管理部门发生的费用　　B. 不能直接计入某种产品成本的费用

C. 车间发生的费用　　D. 不是直接用于产品生产的费用

2. 假退料是指材料实物不动,(　　)。

A. 只办理本月份的退料和领料手续　　B. 只办理下月份的退料和领料手续

C. 只办理本月份退料、下月份领料的手续　　D. 只办理本月份退料手续

3. 材料定额费用是指(　　)。

A. 材料消耗定额　　B. 材料定额消耗量的货币表现

C. 材料定额消耗量　　D. 材料消耗定额的货币表现

4. "材料成本差异"科目借方反映材料成本的(　　)。

A. 节约差异　　B. 计划成本　　C. 超支差异　　D. 实际成本

5. 各种包装材料,应在(　　)科目中核算。

A. "产成品"　　B. "原材料"　　C. "周转材料"　　D. "包装物"

6. 王明10月份病假3日,事假2日,出勤17日,星期双休9日。若日工资率按21.75天计算,按出勤日数计算月工资,该职工应得出勤工资按(　　)天计算。

A. 17　　B. 20　　C. 23　　D. 26

7. 生产车间管理人员工资应记入(　　)账户。

A. "制造费用"　　B. "基本生产成本"

C. "辅助生产成本"　　D. "管理费用"

8. 基本生产车间本期应负担照明电费1 500元,应记入(　　)账户。

A. "制造费用——水电费"　　B. "基本生产成本——燃料动力"

C. "辅助生产成本——水电费"　　D. "管理费用——水电费"

9. 固定资产应计提折旧额是固定资产原值减去预计(　　)以后的金额。

A. 残值收入　　B. 清理费用　　C. 净残值　　D. 残余价值

10. 企业专设销售机构有卡车1辆，其折旧费应记入(　　)账户。

A. "销售费用"　　B. "管理费用"

C. "制造费用"　　D. "基本生产成本"

11. 下列不计提折旧的项目有(　　)。

A. 未使用的房屋　　B. 当月减少的固定资产

C. 在用设备　　D. 以经营租赁方式租入的固定资产

12. 实际工作中的产品成本是指(　　)。

A. 制造成本　　B. 管理费用　　C. 销售费用　　D. 财务费用

13. 应计入产品成本，但不能分清应由何种产品负担的费用，应通过(　　)账户核算。

A. "制造费用"　　B. "基本生产成本"

C. "管理费用"　　D. "辅助生产费用"

14. 月末编制材料费用分配表时，对于退料凭证的数额，可以(　　)。

A. 冲减有关成本费用　　B. 在下月的领料数中扣除

C. 从当月领料数中扣除　　D. 不需要考虑

15. 生产产品经常领用的构成产品实体的原材料，为控制其耗用，应采用的领料凭证是(　　)。

A. 领料单　　B. 限额领料单　　C. 领料登记簿　　D. 红字领料单

二、多项选择题

1. 生产费用按其计入产品成本的方法可分为(　　)。

A. 生产性费用　　B. 非生产性费用

C. 直接计入费用　　D. 间接计入费用

2. 应计入产品成本的材料费用，按其用途进行分配，应记入的账户有(　　)。

A. "管理费用"　　B. "基本生产成本"

C. "制造费用"　　D. "财务费用"

3. 计算材料成本差异率，需使用下列(　　)项目。

A. 月初结存材料计划成本　　B. 本月收入材料计划成本

C. 月初结存材料成本差异　　D. 本月收入材料成本差异

4. 下列应计入产品成本"直接材料"成本项目的有(　　)。

A. 用于制造产品并构成产品实体的原料及主要材料

B. 车间设备耗用的机物料消耗

C. 制造产品耗用的不构成产品实体的辅助材料

D. 制造产品耗用的燃料

5. 按国家规定，工资总额的组成部分是(　　)。

A. 计时工资和计件工资　　B. 奖金、津贴和补贴

C. 加班加点工资　　D. 特殊情况下支付的工资

6. 企业按用途和财务制度的有关规定分配工资费用时，要涉及(　　)。

A. 基本生产成本　B. 制造费用　C. 管理费用　D. 销售费用

7. 下列关于固定资产折旧的表述，正确的有(　　)。

A. 月份内增加的固定资产，当月计提折旧

B. 月份内减少的固定资产，当月计提折旧

C. 房屋、建筑物不论使用与否，均应计提折旧

D. 以经营租赁方式租入的固定资产，不计提折旧

8. 在计算固定资产年折旧率时，需要考虑的因素有(　　)。

A. 固定资产原值　B. 预计使用年限

C. 预计残值收入　D. 预计清理费用

9. 下列固定资产中，其折旧额应计入产品成本的是(　　)。

A. 生产车间房屋　B. 企业管理部门房屋

C. 生产用设备　D. 专设销售机构用卡车

10. 下列项目中，属于管理费用的税金有(　　)。

A. 房产税　B. 土地使用税　C. 印花税　D. 车船使用税

11. 计提固定资产折旧，应借记的账户可能是(　　)。

A. “基本生产成本”　B. “辅助生产成本”

C. “制造费用”　D. “固定资产”

12. 下列折旧方法中，其折旧额随使用年限的增加而逐渐减少的折旧方法是(　　)。

A. 使用年限法　B. 工作量法　C. 年数总和法　D. 双倍余额递减法

13. 工资费用核算的主要原始记录有(　　)。

A. 产量记录　B. 考勤记录　C. 工龄记录　D. 工作时间记录

14. “财务费用”账户核算的内容包括(　　)。

A. 财会人员工资　B. 利息支出　C. 汇兑损益　D. 差旅费

15. 下列费用中，可以直接借记“基本生产成本”账户的有(　　)。

A. 车间一般消耗用料　B. 车间管理人员工资

C. 车间生产产品用料　D. 车间生产工人工资

三、判断题

1. 直接生产费用就是直接计入费用；间接生产费用就是间接计入费用。(　)

2. 一个要素费用按经济用途可能计入几个成本项目，一个成本项目可以归集统一经济用途的几个要素费用。(　)

3. 基本生产车间发生的各种费用均应直接记入“基本生产成本”账户。(　)

4. 生产车间耗用的材料，全部计入“直接材料”成本项目。(　)

5. 计件工资只能按职工完成的合格品数量乘以计件单价计算发放。(　)

6. “职工薪酬”账户只登记企业当月实际支付的工资总额。(　)

7. 凡是发放给企业职工的货币，均作为工资总额的组成部分。(　)

8. 外购动力通过“应付账款”账户核算的企业，该账户借方登记已支付的动力费，贷方登记应支付的动力费。(　)

9. 企业固定资产折旧费应全部计入产品成本。(　)

10. 采用计件工资制时，直接人工费用是直接计入费用。（ ）

11. 计算集体计件工资时，通常以计时工资为分配依据在集体内部各工人之间进行分配。（ ）

12. 企业以自己的产品或其他有形资产发放给职工或提供给职工无偿使用等非货币形式向职工支付的福利也属于职工薪酬。（ ）

13. 原材料费用都是直接计入费用，生产工人工资及提取的工资附加费都是间接计入费用。（ ）

14. 不设立“燃料和动力”成本项目的产品，其燃料消耗可计入“直接材料”成本项目。（ ）

15. “材料成本差异”科目的借方反映材料成本的节约差异，贷方反映材料成本的超支差异。（ ）

四、实训题

实训 1

目的

练习多种产品共同耗用材料费用分配的定额耗用量比例法。

资料

某工厂生产甲、乙两种产品，本月两种产品共同领用主要材料 12 375 千克，单价 20 元，共计 247 500 元。本月投产的甲产品为 425 件，乙产品为 525 件，甲产品的材料消耗定额为 50 千克，乙产品的材料消耗定额为 25 千克。

要求

按材料定额耗用量比例分配材料费用，并填入表 3.1。

表 3.1　　材料费用分配

年　月　日　　元

应借科目			共同耗用材料费用		
总账科目	明细科目	成本项目	定额消耗量/千克	分配率	应分配材料费用
基本生产成本	甲产品	直接材料			
	乙产品	直接材料			
合　计					

实训 2

目的

练习多种产品共同耗用材料费用分配的定额费用比例法。

资料

甲、乙两种产品共同耗用 A、B 两种原材料，具体资料如下。

(1) 甲产品投产 400 件，原材料消耗定额为 A 材料 4 千克、B 材料 3 千克。

(2) 乙产品投产 100 件，原材料消耗定额为 A 材料 5 千克、B 材料 4 千克。

(3) 甲、乙两种产品实际消耗总量为 A 材料 2 385 千克、B 材料 1 660 千克。

(4) 材料实际单价为 A 材料 8 元/千克、B 材料 6 元/千克。

要求

根据定额费用比例法，分配甲、乙两种产品原材料费用，并填入表 3.2。

表 3.2

材料费用分配表

年　月　日　　　　元

应借科目			A 材料费用			B 材料费用			耗用材料费用合计
总账科目	明细科目	成本项目	定额费用	分配率	应分配材料费用	定额费用	分配率	应分配材料费用	
基本生产成本	甲产品	直接材料							
	乙产品	直接材料							
合计									

实训 3

目的

练习多种产品共同耗用材料费用的定额费用比例法。

资料

某工厂基本生产车间生产甲、乙、丙 3 种产品，共耗用 A 材料 3 060 千克，每千克 3.5 元。其中，甲、乙、丙 3 种产品的产量分别为 150 件、100 件、300 件，对 A 材料的消耗定额分别为 3 千克、1.5 千克、4 千克。

要求

按定额费用比例法，计算甲、乙、丙 3 种产品应分配多少 A 材料费用，并填入表 3.3。

表 3.3

材料费用分配表

年　月　日　　　　元

应借科目			共同耗用材料费用		
总账科目	明细科目	成本项目	定额费用	分配率	应分配材料费用
基本生产成本	甲产品	直接材料			
	乙产品	直接材料			
	丙产品	直接材料			
合　计					

实训 4

目的

练习计时工资的计算。

资料

某工厂赵虎的月工资标准为 2 700 元，8 月份 31 日，病假 2 日，事假 1 日，星期休假 9 日，出勤 19 日。根据该工人的工龄，其病假工资按工资标准的 90% 计算。该工人的病假和事假期间没有节假日。

要求

(1) 按 21.75 日计算日工资率，按出勤日数算月工资。

(2) 按 21.75 日计算日工资率，按缺勤日数扣月工资。

实训 5

目的

练习计件工资的计算。

资料

2014 年 1 月产量记录中登记张龙生产甲产品 200 件，其中合格品 195 件，料废品 2 件，工废品 3 件；生产乙产品 100 件全部为合格品。甲产品的计件单价为 10 元，乙产品的计件单价为 3 元。

要求

计算该月应付张龙的工资。

实训 6

目的

练习工资附加费的计算。

资料

某公司基本生产车间 2014 年 1 月生产工人工资总额为 80 000 元，根据公司所在地政府的相关规定，公司分别按职工工资总额的 8%、20%、2%、1%、0.5%、12%、2%、1.5%计提医疗保险费、养老保险费、失业保险费、工伤保险费、生育保险费、住房公积金、工会经费、职工教育经费。企业自行确定按工资总额的 10%计提职工福利费。

要求

根据计算结果编制会计分录。

实训 7

目的

练习职工薪酬的分配。

资料

某公司 2014 年 2 月基本生产车间生产工人的职工薪酬为 134 960 元，该车间生产甲、乙、丙 3 种产品的生产工时分别为 5 000 小时、2 870 小时和 9 000 小时。

要求

按产品生产工时比例法，计算甲、乙、丙 3 种产品分别应分配的职工薪酬，并填入表 3.4。

表 3.4 职工薪酬费用分配汇总

年 月 日 元

应借科目			分配计入职工薪酬			合 计
总账科目	明细科目	成本项目	生产工时/小时	分配率	应分配职工薪酬费用	
基本生产成本	甲产品	直接人工				
	乙产品	直接人工				
	丙产品	直接人工				
合 计						

五、简答题

1. 简述共同耗用材料费用的分配方法。

2. 什么是工资附加费？它包括哪些内容？

3. 简述职工薪酬费用分配的原则。

4. 简述外购动力费用分配的原则。

5. 什么是职工薪酬？它主要包括哪些内容？

模块四
辅助生产费用的归集和分配

知识要点

一、辅助生产费用核算概述

- 辅助生产费用核算概述
  - 辅助生产的含义
  - 辅助生产费用的含义
  - 辅助生产费用核算的特点

二、辅助生产费用的归集

- 辅助生产费用的归集
  - 辅助生产车间单独核算制造费用
  - 辅助生产车间不单独核算制造费用

三、辅助生产费用的分配

- 辅助生产费用的分配
  - 直接分配法
  - 交互分配法
  - 代数分配法
  - 计划成本分配法

要点点拨

1. 辅助生产费用核算概述

辅助生产费用是指辅助生产车间为生产产品或提供劳务而发生的材料费用、人工费用、动力费用和其他费用。辅助生产费用的核算包括辅助生产费用的归集和分配两个方面。辅助生产费用的归集是辅助生产费用分配的前提，辅助生产费用的分配是辅助生产费用核算的关键。

2. 辅助生产费用的归集

如果辅助生产车间的规模较大，制造费用较多，并且经常对外提供产品或劳务，一般应先通过“制造费用——×辅助生产车间”账户借方归集，然后再从其贷方直接或分配转入“辅助生产成本”账户的借方。如果辅助生产车间规模较小，制造费用较少，或者不对外提供产品或劳务，不需要按规定的成本项目计算产品成本，为简化成本核算工作，辅助生产车间发生的费用一般直接记入“辅助生产成本”账户的借方，而不通过“制造费用”账户归集。

3. 辅助生产费用的分配

分配辅助生产费用常用的方法主要有直接分配法、交互分配法、代数分配法和计划成本分配法等。

直接分配法是不考虑辅助生产车间之间相互提供产品或劳务的情况，即不经过辅助生产费用的交互分配，而是将各辅助生产费用直接分配给辅助生产车间以外的各受益对象。

交互分配法是先根据各辅助生产车间之间相互提供产品或劳务的数量和交互分配前的费用分配率，进行一次对内交互分配；然后将各辅助车间交互分配后的实际费用，再按提供劳务的数量，在辅助生产车间以外的各受益对象之间进行分配。

代数分配法，是先根据解联立方程的原理，计算出各辅助生产车间产品和劳务的实际单位成本，然后根据各受益对象耗用的数量和实际单位成本分配辅助生产费用。

计划成本分配法，是先按各辅助生产车间产品和劳务的计划单位成本分配给各受益对象，然后将辅助生产实际成本与计划单位成本分配成本的差额，再分配给辅助生产车间以外的各受益对象，为简化分配工作，如果差异较小也可将差异直接计入管理费用。

辅助生产费用分配的计算

1. 直接分配法

$$\text{辅助生产费用分配率}=\frac{\text{该辅助生产车间归集的费用总额}}{\text{该辅助生产车间提供的产品或劳务总量}-\text{对其他辅助生产车间提供的产品或劳务量}}$$

某受益对象应分配费用＝该受益对象的耗用量×费用分配率

2. 交互分配法

第一步：(对内)交互分配

$$\text{辅助生产(对内)交互分配率}=\frac{\text{该辅助生产车间归集的费用总额}}{\text{该辅助车间提供的产品或劳务总量}}$$

某辅助生产车间应分配费用＝该辅助生产车间的耗用量×交互分配率

第二步：对外(直接)分配

$$\text{某辅助生产车间交互分配后的实际费用}=\text{该辅助生产车间归集的费用总额}+\text{对内交互分配转入的费用}-\text{对内交互分配转出的费用}$$

$$\text{辅助生产车间对外分配率}=\frac{\text{该辅助生产车间交互分配后的实际费用}}{\text{该辅助生产车间提供的产品或劳务总量}-\text{对其他辅助车间提供的产品或劳务量}}$$

某受益对象应分配费用＝该受益对象的耗用量×对外分配率

业务处理

1. 直接分配法

借：制造费用——基本生产车间(辅助生产费用分配给生产车间的)

　　管理费用(辅助生产费用分配给厂部管理部门的)

　　贷：辅助生产成本——机修车间

　　　　　　　　　　——供水车间

2. 交互分配法

第一步：(对内)交互分配(辅助生产车间内部分配)

借：辅助生产成本——机修车间

　　　　　　　　——供水车间

　　贷：辅助生产成本——机修车间

　　　　　　　　　　——供水车间

第二步：对外(直接)分配

借：制造费用——基本生产车间(辅助生产费用分配给生产车间的)

　　管理费用(辅助生产费用分配给厂部管理部门的)

　　贷：辅助生产成本——机修车间

　　　　　　　　　　——供水车间

关键名词

辅助生产费用　直接分配法　交互分配法　代数分配法　计划成本分配法

案例阅读

成本会计岗位职责

① 在财务部部长领导下，按照国家财会法规、公司财会制度和成本管理有关规定，拟定公司各处成本核算实施细则，在上级批准后组织执行。

② 主动会同有关人员对公司重大项目、产品等进行成本预算，编制项目成本计划，提供有关成本资料。

③ 当公司推行全面成本核算管理和内部银行等制度时，协助有关主管制定总体方案和实施办法，确定各类成本定额、标准，并协助各部门和下属企业的推广培训。

④ 不断监督、调查各部门执行成本计划情况，并就出现问题及时上报。

⑤ 学习、掌握先进的成本管理和成本核算方法及计算机操作，提出降低成本的控制措施和建议。

⑥ 做好相关成本资料的整理、归档，数据库建立、查询、更新工作。

⑦ 完成财务部部长临时交办的其他任务。

典型例题解析

一、判断正误

1. 辅助生产费用按计划成本分配方法分配计入基本生产成本的费用与其他分配方法分配计入基本生产成本的费用总额相同。（　）

参考答案：×

答案解析：按计划成本分配法，辅助生产车间实际发生的费用与按计划单位成本分配转出的费用可能不一致，差额全部计入管理费用。

2. 辅助生产费用的交互分配法，只需进行一次分配。（　）

参考答案：×

答案解析：交互分配法是指辅助生产车间先进行一次相互分配，然后再将辅助生产费用对辅助生产车间外部各受益对象进行分配的一种分配方法，一共需要分配2次。

二、单项选择题

1. 辅助生产费用的分配方法中，不考虑各辅助生产车间相互之间提供劳务的是（　　）。

A. 直接分配法　　B. 交互分配法

C. 按计划成本分配法　　D. 按生产工时分配法

参考答案：A

答案解析：直接分配法不考虑辅助生产车间之间相互提供产品或劳务的情况，即不经过辅助生产费用的交互分配，而是将各辅助生产费用直接分配给辅助生产车间以外的各受益对象。

2. 某工业企业下设供水、供电两个辅助生产车间，采用直接分配法进行辅助生产费用的分配。2014 年 4 月，供水车间交互分配前实际发生的生产费用为 90 000 元，应负担供电车间的电费为 27 000 元；供水总量为 500 000 吨(其中供电车间耗用 50 000 吨，基本生产车间耗用 350 000 吨，行政管理部门耗用 100 000 吨)。供水车间 2014 年 4 月对辅助生产车间以外的受益单位分配水费的总成本为(　　)元。

A. 108 000　　B. 117 000　　C. 105 300　　D. 90 000

正确答案：D

答案解析：采用直接分配法，应将辅助生产费用直接分配给辅助生产车间以外的各受益单位，所以本题中供水车间对辅助生产车间以外的各受益单位分配水费的总成本就是实际发生的 90 000 元。

3. 采用交互分配法分配辅助生产费用，对外分配的费用总额是(　　)。

A. 交互分配前的费用

B. 交互分配前的费用加上交互分配转入的费用

C. 交互分配前的费用减去交互分配转出的费用

D. 交互分配前的费用加上交互分配转入的费用，减去交互分配转出的费用

参考答案：D

答案解析：交互分配法规定，交互分配后的辅助生产费用＝交互分配前发生的费用＋交互分配转入的费用－交互分配转出的费用。

4. 甲工业企业下设供电、供水两个辅助生产车间，采用交互分配法进行辅助生产费用的分配。2014 年 5 月，供水车间交互分配前实际发生的生产费用为 315 000 元，应负担供电车间的电费为 99 500 元；供水总量为 1 750 000 吨(其中供电车间耗用 175 000 吨，基本生产车间耗用 1 225 000 吨，行政管理部门耗用 350 000 吨)。供水车间 2014 年 5 月对辅助生产车间以外的受益单位分配水费的总成本为(　　)元。

A. 283 500　　B. 383 000　　C. 368 550　　D. 409 500

正确答案：B

答案解析：本题中交互分配前供水车间实际发生的费用为 315 000 元，应负担供电车间的电费为 99 500 元；供电车间耗用水 175 000 吨，应负担的费用＝315 000÷1 750 000×175 000＝31 500(元)。因此，供水车间对辅助生产车间以外的受益单位分配水费的总成本＝315 000＋99 500－31 500＝383 000(元)。本题原理：先根据各辅助生产车间内部相互供应的数量和交互分配前的费用分配率(单位成本)进行一次交互分配；然后再将各辅助生产车间交互分配后的实际费用(即交互分配前的费用加上交互分配转入的费用，减去交互分配转出的费用)，按对外提供劳务的数量在辅助生产车间以外各受益单位之间进行分配。

三、多项选择题

1. 企业最常用的辅助生产费用分配方法是(　　)。

A. 直接分配法　　B. 交互分配法　　C. 代数分配法　　D. 计划分配法

参考答案：ABCD

答案解析：辅助生产车间提供的产品和劳务种类不同，其分配转出的程序也不同。具体的分配方法有直接分配法、计划成本分配法、交互分配法和代数分配法。

2. 下列关于计划成本分配法的表述中，正确的有(　　)。

A. 直接将辅助生产车间发生的费用分配给辅助生产车间以外的各个受益单位或产品

B. 各受益单位耗用的产品成本或劳务成本，按产品或劳务的计划单位成本乘以耗用量进行计算

C. 成本分配不够准确，适用于辅助生产劳务计划单位成本比较准确的企业

D. 实际发生的费用（包括辅助生产内部交互分配转入的费用）与按计划单位成本分配转出的费用之间的差额简化处理计入管理费用

正确答案：BCD

答案解析：选项A是直接分配法的核算特点。

练习题

一、单项选择题

1. 辅助生产部门发生的直接费用归集在（　　）账户中。

A. “辅助生产成本”　　B. “制造费用”

C. “基本生产成本”　　D. “管理费用”

2. 下列属于辅助生产费用分配方法的是（　　）。

A. 定额费用比例法　　B. 计划分配率法

C. 计划成本分配法　　D. 生产工时分配法

3. 将各种辅助费用直接分配给辅助生产车间以外各受益对象的方法称为（　　）。

A. 直接分配法　　B. 交互分配法

C. 代数分配法　　D. 计划成本分配法

4. 辅助生产费用按交互分配法进行分配时，应计算（　　）费用分配率。

A. 1个　　B. 2个　　C. 3个　　D. 4个

5. 交互分配法中，交互分配是指（　　）

A. 在各受益部门之间分配费用

B. 在相互受益的辅助生产部门之间分配费用

C. 在辅助生产以外的受益部门之间分配费用

D. 在受益的各基本生产车间之间分配费用

6. 在各种分配辅助生产费用的方法中，计算结果最准确的是（　　）

A. 交互分配法　　B. 计划成本分配法

C. 顺序分配法　　D. 代数分配法

7. 采用一次交互分配法分配辅助生产费用时，计算第二阶段的直接分配率的分子数是（　　）。

A. 该辅助生产车间直接发生的费用

B. 该辅助生产车间直接发生的费用加上分配转入的费用

C. 该辅助生产车间直接发生的费用加上分配转入的费用减去分配转出的费用

D. 该辅助生产车间直接发生的费用减去分配转出的费用

8. 虽然简化了计算工作，加速了成本核算，而且便于通过差异考核和评价辅助生产车

间的费用支出情况，但是计算结果不够准确的辅助生产费用分配方法是（　　）。

A. 直接分配法　　B. 交互分配法
C. 计划成本分配法　　D. 顺序分配法

9. 采用计划成本分配法分配辅助生产费用，为简化分配工作，辅助生产的成本差异全部调整计入（　　），不再分配给各受益单位。

A. 制造费用　　B. 管理费用　　C. 销售费用　　D. 营业外支出

10. 辅助生产费用的分配方法中，不考虑各辅助生产车间相互之间提供劳务的是（　　）。

A. 直接分配法　　B. 交互分配法
C. 计划成本分配法　　D. 生产工时分配法

11. 在采用交互分配法分配辅助生产费用的情况下，各辅助生产车间交互分配后的实际费用等于（　　）。

A. 交互分配前的费用
B. 交互分配前的费用加上交互分配转出的费用
C. 交互分配前的费用减去交互分配转出的费用
D. 交互分配前的成本加上交互分配转入的费用，减去交互分配转出的费用

12. 直接分配法的优点是（　　）。

A. 计算工作量大
B. 分配结果正确
C. 便于考核和评价辅助生产车间的成本发生情况
D. 计算工作简单

二、多项选择题

1. 下列哪些属于辅助生产车间？（　　）。

A. 供水车间　　B. 供电车间　　C. 机修车间　　D. 半成品车间

2. 辅助生产部门发生的间接费用（　　）。

A. 必须直接记入“辅助生产成本”账户
B. 必须通过“制造费用”账户核算
C. 可以直接记入“辅助生产成本”账户
D. 可以通过“制造费用”账户核算

3. 辅助生产车间单独设置制造费用核算的条件有（　　）。

A. 车间规模较大　　B. 制造费用较多
C. 不对外提供产品或劳务　　D. 对外提供产品或劳务

4. 辅助生产部门分配费用的方法有（　　）。

A. 生产工时比例法　　B. 交互分配法
C. 直接分配法　　D. 计划成本分配法

5. 辅助生产费用分配的直接分配法具有（　　）的特点。

A. 核算简便　　B. 核算工作复杂
C. 计算结果准确　　D. 计算结果不准确

6. 交互分配法是指（　　）。

A. 首先在各受益部门之间进行交互分配
B. 首先在互相受益的辅助生产部门之间进行交互分配
C. 首先在辅助生产车间以外部门之间进行交互分配
D. 将交互分配以后的费用总额在辅助生产车间以外的受益部门之间分配

7. 分配辅助生产费用，贷记“辅助生产成本”科目，对应的借方科目可能有（　　）。
A. “基本生产成本”　　B. “管理费用”
C. “制造费用”　　D. “营业外支出”

8. 辅助生产费用代数分配法的特点是（　　）。
A. 计算工作简单　　B. 计算结果准确
C. 计算工作复杂　　D. 计算结果不准确

9. 辅助生产费用采用计划成本分配法的优点有（　　）。
A. 简化了计算工作　　B. 加速了成本核算
C. 计算结果准确　　D. 便于考核和评价

10. 采用计划成本分配法分配辅助生产费用时产生的成本差异（　　）。
A. 超支用蓝字补加　　B. 节约用蓝字补加
C. 超支用红字冲减　　D. 节约用红字冲减

11. 分配或结转辅助生产成本可能涉及的账户有（　　）。
A. “财务费用”　　B. “周转材料——低值易耗品”
C. “制造费用”　　D. “管理费用”

12. 下列属于辅助生产成本分配方法的有（　　）。
A. 直接分配法　　B. 交互分配法　　C. 约当产量法　　D. 代数分配法

三、判断题

1. 辅助生产车间提供的产品和劳务主要用于对外销售。（　）
2. 辅助生产部门发生的间接费用必须通过“制造费用”账户核算。（　）
3. 辅助生产费用的直接分配法适用于辅助生产车间内部相互提供产品或劳务不多的企业。（　）
4. 辅助生产费用的直接分配法，只需要进行一次分配。（　）
5. 由于在辅助车间之间进行了相互提供产品或劳务的交互分配，所以交互分配法的分配结果最准确。（　）
6. 采用交互分配法，对外分配的费用是交互分配前的费用加上交互分配转入的费用，减去交互分配转出的费用。（　）
7. 辅助生产交互分配后的实际费用，应在各受益单位之间进行分配。（　）
8. 辅助生产费用的代数分配法，一般适用于实现会计电算化的企业。（　）
9. 采用代数分配法分配辅助生产费用，其结果最准确。（　）
10. 在计划成本分配法下，辅助生产成本差异通常计入管理费用。（　）
11. 交互分配法只是进行辅助生产车间之间交互分配，不进行对外分配。（　）
12. 按直接分配法分配辅助生产成本，其实分配结果最为准确。（　）

四、实训题

实训 1

目的

练习辅助生产费用的直接分配法的计算。

资料

某企业设有一个基本生产车间生产甲产品，另设有供电、供暖两个辅助生产车间，以及行政管理部门。2014 年 5 月辅助生产车间发生的费用为供电车间 18 000 元，供暖车间 90 000元。提供的劳务量如表 4.1 所示。

表 4.1

辅助生产车间劳务量汇总

2014 年 5 月

受益部门	供电车间/度	供暖车间/小时
供电车间		2 500
供暖车间	3 000	
甲产品生产	56 900	
车间消耗	10 600	17 000
管理部门	4 500	3 000
合　计	75 000	22 500

要求

采用直接分配法分配辅助生产费用，将结果填入表 4.2，并编制会计分录。

表 4.2

辅助生产费用分配

年　月　日　　　　元

项　目	供电车间		供暖车间		合　计
	数量/度	金　额	数量/小时	金　额	
待分配费用					
劳务供应量					
费用分配率					
基本生产车间产品耗用					
基本生产车间一般耗用					
行政管理部门耗用					
合　计					

实训 2

目的

练习辅助生产费用的交互分配法的计算。

资料

某企业设有一个基本生产车间生产甲产品，另设有供电、供暖两个辅助生产车间，以及行政管理部门。其他资料同实训 1。

要求

采用交互分配法分配辅助生产费用，将结果填入表 4.3，并编制会计分录。

表 4.3 **辅助生产费用分配**

年 月 日 元

项 目	对内交互分配				对外直接分配				合 计
	供电车间		供暖车间		供电车间		供暖车间		
	数量/度	金额	数量/小时	金额	数量/度	金额	数量/小时	金额	
待分配费用									
劳务供应量									
费用分配率									
供电车间									
供暖车间									
基本生产产品耗用									
基本生产一般耗用									
行政管理部门									
合 计									

实训 3

目的

练习直接分配法和交互分配法的对比计算。

资料

某企业有蒸汽和机修两个辅助生产车间,其待分配费用分别为 32 000 元和 44 800 元,辅助生产车间制造费用不通过"制造费用"科目核算。其劳务提供情况如表 4.4 所示。

表 4.4 **劳务提供情况**

元

车间	提供劳务总量	受益单位及数量						
		蒸汽车间	机修车间	A 产品	B 产品	一车间	二车间	管理部门
蒸汽车间	100 000	—	20 000	17 000	33 600	9 400	15 000	5 000
机修车间	20 000	4 000	—	—	—	7 500	7 000	1 500

要求

用直接分配法和交互分配法对辅助生产费用进行分配,将结果填入表 4.5 和表 4.6,并编制会计分录。

表 4.5 **辅助生产费用分配(直接分配法)**

年 月 日

元

项 目	蒸汽车间		机修车间		合 计
	数 量	金 额	数 量	金 额	
待分配费用					
劳务供应量					
费用分配率					
A 产品					
B 产品					
一车间					
二车间					
管理部门					
合 计					

表 4.6　　辅助生产费用分配(交互分配法)

年　月　日　　元

项　目	对内交互分配				对外直接分配				合　计
	蒸汽车间		机修车间		蒸汽车间		机修车间		
	数量	金额	数量	金额	数量	金额	数量	金额	
待分配费用									
劳务供应量									
费用分配率									
蒸汽车间									
机修车间									
A 产品									
B 产品									
一车间									
二车间									
管理部门									
合　计									

实训 4

目的

练习辅助生产费用的代数分配法的计算。

资料

某企业有供电和机修两个辅助生产车间，本月根据辅助生产成本明细账得知供电车间发生的待分配费用为 7 040 元，机修车间发生的待分配费用为 6 720 元。供电车间和机修车间之间相互提供产品和劳务，供电车间受益少，机修车间受益多。各车间本月提供产品和劳务量如表 4.7 所示。

表 4.7

各车间提供产品和劳务量

车间、部门		用电度数	修理小时
第一基本生产车间	产品耗用	18 500	—
	一般耗用	1 500	1 800
第二基本生产车间	产品耗用	17 000	—
	一般耗用	1 000	2 100
管理部门		2 000	100
供电车间		—	200
机修车间		4 000	—
合　计		44 000	4 200

要求

采用代数分配法分配辅助生产费用，将结果填入表 4.8，并做相应的会计分录。

表 4.8

辅助生产费用分配

年　月　日　　　　元

项　目		供电车间		机修车间		金额合计
		数量/度	金　额	数量/小时	金　额	
待分配费用						
劳务供应量						
费用分配率						
供电车间						
机修车间						
一车间	产品耗用					
	一般耗用					
二车间	产品耗用					
	一般耗用					
管理部门						
合　计						

实训 5

目的

练习辅助生产费用计划成本分配法的计算。

资料

某企业有供电和机修两个辅助生产车间，本月根据辅助生产成本明细账得知供电车间发生的待分配费用为 18 200 元，机修车间发生的待分配费用为 24 600 元。供电车间和机修车间之间相互提供产品和劳务（计划单位成本供电车间 0.6 元/度，机修车间 12 元/小时），各车间本月提供产品和劳务量如表 4.9 所示。

表 4.9 各车间提供产品和劳务量

车间、部门	用电度数	修理小时
供电车间	—	100
机修车间	1 500	—
基本生产车间——甲产品	20 000	—
基本生产车间——一般耗用	6 000	1 400
行政管理部门	2 000	300
专设销售机构	500	200
合　计	30 000	2 000

要求

采用计划成本分配法分配辅助生产费用，将结果填入表 4.10，并做相应的会计分录。

表 4.10 辅助生产费用分配

年　月　日　　元

项　目		供电车间		机修车间		金额合计
		数量/度	金　额	数量/小时	金　额	
辅助生产	供电车间					
	机修车间					
基本生产	产品耗用					
	一般耗用					
行政管理部门						
专设销售机构						
计划成本分配合计						
辅助生产实际成本						
辅助生产成本差异						

五、简答题

1. 在什么情况下，辅助生产发生的制造费用可以不通过“制造费用”账户核算？

2. 简述直接分配法的优缺点及适用范围。

3. 简述交互分配法的优缺点及适用范围。

4. 简述计划成本分配法的优缺点及适用范围。

5. 简述辅助生产费用核算的特点。

模块五

制造费用的归集和分配

知识要点

一、制造费用的归集

- 制造费用的归集
  - 制造费用的含义及意义
  - 制造费用的内容
  - 制造费用的归集

二、制造费用的分配

- 制造费用的分配
  - 制造费用分配的程度
  - 制造费用分配的方法
    - 生产工人工时比例法
    - 生产工人工资比例法
    - 机器工时比例法
    - 年度计划分配率法

要点点拨

1. 制造费用的归集

制造费用是指制造业为生产产品和提供劳务而发生的应计入产品成本、但没有专设成本项目的各项生产费用,包括车间管理人员工资及福利费、机物料消耗、折旧费、办公费、水电费、劳动保护费、租赁费（不包括融资租赁费）、试验检验费、低值易耗品摊销，以及季节性及修理期间停工损失等。制造费用的归集和分配应该通过“制造费用”总账账户进行。

2. 制造费用的分配

制造费用的分配是否准确合理，关键在于选择适当的分配标准。分配制造费用的方法很多，通常采用的有生产工人工时比例法、生产工人工资比例法、机器工时比例法和年度计划分配率法等。

生产工人工时比例法是指按照各种产品所耗生产工人实际工作时数的比例分配制造费用的方法；生产工人工资比例法是指按照计入各种产品成本的生产工人实际工资比例分配制造费用的方法；机器工时比例法是指按照各种产品生产时所用机器设备运转时间的比例分配制造费用的方法；年度计划分配率法，又称预定分配率法，是指按照年度开始前确定的年度计划分配率分配制造费用的方法。上述各种分配方法一经确定，不应任意变更。

制造费用分配的计算

1. 生产工人工时比例法

制造费用分配率＝制造费用实际发生额÷各种产品生产工时总数

某种产品应负担的制造费用＝该种产品生产工时×制造费用分配率

2. 生产工人工资比例法

制造费用分配率＝制造费用实际发生额÷各种产品生产工人工资总额

某种产品应负担的制造费用＝该种产品生产工人工资×制造费用分配率

3. 机器工时比例法

制造费用分配率＝制造费用实际发生额÷各种产品机器运转时间总数

某种产品应负担的制造费用＝该种产品机器运转时数×制造费用分配率

4. 年度计划分配率法

制造费用年度计划分配率＝年度制造费用计划总额÷各种产品计划产量的定额工时总数

某种产品应负担的制造费用＝该月该种产品实际产量的定额工时数×制造费用年度计划分配率

业务处理

借：基本生产成本——X 产品（制造费用转入）

　　贷：制造费用 ——Y 产品（制造费用转入）

关键名词

制造费用　生产工人工时比例法　生产工人工资比例法　机器工时比例法
年度计划分配率法

案例阅读

车间成本核算机构和人员的工作职责

① 负责成本计划和费用预算的编制和平衡工作，并检查、督促计划和预算的执行。

② 负责生产费用核算、成本核算、账簿登记和报表编制工作，并开展内部经济核算。

③ 负责产品投入产出核算，加强在产品数量和成本管理，确保在产品账实相符。

④ 负责内部结算及流动资金的核算与管理。

⑤ 负责生产费用耗费的控制和成本管理责任制的贯彻，并代表车间（分厂）对外进行经济责任补偿结算。

⑥ 负责车间（分厂）经济指标的分解落实，开展内部经济活动分析，组织制定降低成本措施。

⑦ 在车间（分厂）领导组织下，会同其他职能机构和人员，加强成本管理基础工作。

⑧ 协助车间（分厂）领导，对内部各级机构或人员在执行成本计划和经济技术指标方面的实际效果进行考核。

⑨ 协助车间（分厂）领导做好财产管理工作。

⑩ 负责指导工段、班组的经济核算和经济活动分析。

典型例题解析

一、判断正误

企业制造费用分配方法一经确定，不得随意变更。（　）

参考答案：√

答案解析：制造费用的分配方法由企业自行决定，制造费用分配方法一经确定，不得随意变更；如需变更，应在会计报表附注中说明。

二、选择题

1. 基本生产车间的照明电费应借记（　　）科目。

A. “生产成本”　　B. “基本生产成本”

C. “制造费用”　　D. “管理费用”

参考答案：C

答案解析：制造费用是指制造业为生产产品和提供劳务而发生的应计入产品成本、但没有专设成本项目的各项生产费用，包括车间管理人员工资及福利费、机物料消耗、折旧费、办公费、水电费、劳动保护费、租赁费（不包括融资租赁费）、试验检验费、低值易耗品摊销，以及季节性及修理期间停工损失等。

2. 制造费用的分配方法有（　　　　）等。

A. 生产工人工时比例法　　B. 生产工人工资比例法

C. 机器工时比例法　　D. 年度计划分配率法

参考答案：ABCD

答案解析：制造费用的分配是否准确合理，关键在于选择适当的分配标准。分配制造费用的方法很多，通常采用的有生产工人工时比例法、生产工人工资比例法、机器工时比例法和年度计划分配率法等，分配方法一经确定，不应任意变更。

练习题

一、单项选择题

1. 直接用于产品生产，但不便于直接计入产品成本，因而没有专设成本项目的费用，以及间接用于产品生产的各项费用是指（　　）。

A. 间接费用　　B. 直接费用　　C. 制造费用　　D. 财务费用

2. “制造费用”账户应按照（　　）设置明细账。

A. 费用科目　　B. 产品品种　　C. 车间部门　　D. 生产工序

3. 基本生产车间消耗性材料应通过（　　）账户核算。

A. “基本生产成本”　　B. “制造费用”

C. “管理费用”　　D. “营业外支出”

4. 基本生产车间机器设备的折旧费应记入（　　）账户的借方。

A. “累计折旧”　　B. “管理费用”

C. “制造费用”　　D. “基本生产成本”

5. 能够将劳动生产率和产品负担的费用水平联系起来，使分配结果比较合理的制造费用分配方法是（　　）。

A. 生产工人工时比例分配法　　B. 年度计划分配率法

C. 生产工人工资比例分配法　　D. 机器工时比例分配法

6. 适用于季节性生产企业分配制造费用的方法是（　　）。

A. 生产工时比例法　　B. 生产工人工资比例法

C. 机器工时比例法　　D. 年度计划分配率法

7. 某车间按年度计划分配率分配制造费用，其分配率为 5 元/小时。10 月份实际发生制造费用 40 000 元，定额工时 9 000 小时，10 月初“制造费用”账户借方余额 3 000 元，则 10 月份分配转入“基本生产成本”账户的金额是（　　）元。

A. 40 000　　B. 37 000　　C. 45 000　　D. 43 000

8. 采用（　　）分配制造费用，“制造费用”科目月末可能有贷方余额。

A. 生产工人工时比例法　　B. 生产工人工资比例法

C. 机器工时比例法　　D. 年度计划分配率法

9. 除了按年度计划分配率分配制造费用以外，“制造费用”账户月末（　　）。

A. 没有余额　　B. 一定有借方余额

C. 一定有贷方余额　　D. 有借方余额或有贷方余额

10. 制造费用归集和分配后，应计入产品成本的生产费用都已归集到（　　）账户。

A. “基本生产成本”　　B. “制造费用”

C. “管理费用”　　D. “库存商品”

二、多项选择题

1. 制造费用是指制造业为生产产品和提供劳务而发生的各项间接费用，包括（　　）。

A. 劳动保护费　　B. 修理期间停工损失

C. 劳动保险费　　D. 试验检验费

2. 基本生产车间发生（　　）时，应借记“制造费用”账户。

A. 折旧费　　B. 经营租赁费　　C. 机物料消耗　　D. 融资租赁费

3. 下列哪些人员的薪酬应记入“制造费用”账户？（　　）。

A. 车间管理人员　　B. 车间检验人员　　C. 车间生产工人　　D. 车间技术人员

4. 下列各项费用中，（　　）应计入制造费用。

A. 生产车间经营租赁费　　B. 季节性停工损失

C. 生产车间融资租赁费　　D. 生产车间办公费

5. 制造费用分配的方式有（　　）。

A. 生产一种产品直接计入该种产品成本

B. 生产一种产品分配计入该种产品成本

C. 生产多种产品直接计入各种产品成本

D. 生产多种产品分配计入各种产品成本

6. 制造费用的分配方法不包括（　　）。

A. 生产工人工时比例法　　B. 直接分配法

C. 生产工人工资比例法　　D. 交互分配法

7. 制造费用的分配依据有（　　）。

A. 生产工人工资　　B. 定额工时　　C. 生产工人工时　　D. 机器工时

8. 分配制造费用时，可能借记的账户有（　　）。

A. “生产费用”　　B. “辅助生产成本”

C. “管理费用”　　D. “基本生产成本”

9. 按年度计划分配率分配制造费用中，“制造费用”账户月末（　　）。

A. 可能有余额　　B. 无余额

C. 可能有借方余额　　D. 可能有贷方余额

10. 车间为生产产品和提供劳务而发生的各项费用中，属于制造费用的有（　　）。

A. 生产车间管理人员工资　　B. 生产车间固定资产折旧费

C. 辅助生产车间工人工资　　D. 基本生产车间的办公费

三、判断题

1. 在基本生产车间只生产一种产品的情况下，制造费用可以直接计入该种产品的成本；在生产多种产品的情况下，制造费用应采用适当的分配方法计入各种产品的成本。（　）

2. 制造费用是为生产产品和提供劳务而发生的应计入产品成本、有专设成本项目的各项生产费用。（ ）

3. 制造费用包括直接用于产品生产，但管理上不要求或核算上不便于单独核算，因而没有专设成本项目的费用。（ ）

4. “制造费用”账户应按不同的费用项目设立明细账。（ ）

5. 在各种产品生产的机械化程度相差较多的情况下，采用生产工人工资比例法分配制造费用较为合理。（ ）

6. 如果生产工人的工资费用是按照生产工时比例分配计入各种产品成本，那么制造费用按生产工人工资比例进行分配，实际上也就是按生产工时比例进行分配。（ ）

7. 按生产工人工资比例法分配制造费用，适用于机械化程度较高的企业车间。（ ）

8. 按年度计划分配率法分配制造费用适用于季节性生产的企业。（ ）

9. 制造费用的所有分配方法分配后制造费用期末都没有余额。（ ）

10. “制造费用”账户期末如有余额，只能在借方。（ ）

四、实训题

实训 1

目的

练习制造费用按生产工人工时比例法分配。

资料

某基本生产车间同时生产甲、乙两种产品，本期共发生制造费用 9 000 元，甲产品生产工人工时数为 600 小时，乙产品生产工人工时数为 400 小时，采用生产工人工时比例分配法分配制造费用。

要求

(1) 计算甲、乙产品各自应负担的制造费用并编制制造费用分配表(见表 5.1)。

表 5.1 制造费用分配

年 月 日

应借账户	生产工时/小时	分配率	分配金额/元
基本生产成本——甲产品			
基本生产成本——乙产品			
合 计			

(2) 编制制造费用分配的会计分录。

实训 2

目的

练习制造费用归集和按生产工人工时比例法分配的核算。

资料

某基本生产车间生产 A、B、C 三种产品，共计生产工时 2 000 小时，其中 A 产品 600 小时，B 产品 800 小时，C 产品 600 小时。2014 年 5 月发生各种间接费用如下。

① 车间管理人员薪酬 456 元。

② 车间一般消耗材料 300 元。

③ 车间固定资产折旧费 160 元。

④ 以现金支付劳动保护费 50 元。

⑤ 本月以现金支付保险费 40 元。

⑥ 辅助生产成本（水电费）转入 120 元。

⑦ 以银行存款支付办公费 194 元。

要求

(1) 编制制造费用发生、归集的会计分录。

(2) 按生产工人工时比例法编制制造费用分配表（见表 5.2）。

表 5.2

制造费用分配

年　月　日

应借账户	生产工时/小时	分配率	分配金额/元
基本生产成本——A 产品			
基本生产成本——B 产品			
基本生产成本——C 产品			
合　计			

(3) 编制制造费用分配的会计分录。

（4）登记制造费用明细账（见表5.3）。

表5.3

制造费用明细账

基本生产车间　　　　年　月　　　　元

年 月 日	凭证号数	摘 要	费用项目								合 计

实训3

目的

练习制造费用按生产工人工资比例法归集和分配的核算。

资料

某企业本月发生有关费用如下。

车间生产产品领用材料200 000元，车间一般耗用材料22 000元，车间生产工人工资60 000元，车间管理人员工资13 000元，车间办公费用、水电费等共计15 000元，车间固定资产折旧10 000元。本月生产A、B两种产品，生产工人工资分别为20 000元和40 000元。

要求

（1）计算本月制造费用总额。

（2）采用生产工人工资比例法分配本月制造费用，并填入表5.4。

表 5.4　　制造费用分配

年　月　日　　　　元

应借账户	生产工人工资	分配率	分配金额
基本生产成本——A 产品			
基本生产成本——B 产品			
合　计			

（3）编制分配制造费用的会计分录。

实训 4

目的

练习制造费用按生产工人工时比例法和机器工时比例法分配的核算。

资料

某企业基本生产车间生产 A、B、C 三种产品，2014 年 4 月该车间共发生制造费用 72 000 元，A、B、C 三种产品所用生产工人实际工时和机器工时如表 5.5 所示。

表 5.5　　生产工人工时和机器工时

产品品种	生产工人工时	机器工时
A 产品	1 000	2 000
B 产品	3 500	3 000
C 产品	500	1 000
合　计	5 000	6 000

要求

分别采用生产工人工时比例法和机器工时比例法分配制造费用，并填列制造费用分配表（见表 5.6、表 5.7）。

表 5.6

制造费用分配

（生产工人工时比例法）

年 月

应借账户	生产工时/小时	分配率	分配金额/元
合 计			

表 5.7

制造费用分配

（机器工时比例法）

年 月

应借账户	生产工时/小时	分配率	分配金额/元
合 计			

实训 5

目的

练习制造费用按年度计划分配率法分配表的编制。

资料

某工业企业制造费用采用年度计划分配率法进行分配，有关资料如表 5.8 所示。

表 5.8

产品年度计划

产品名称	全年计划产量/件	单位产品工时定额/小时	本月实际产量/件
甲	890	6.5	90
乙	752	4.2	80

年度制造费用的计划总额为 55 450 元。

要求

(1) 计算制造费用年度计划分配率，并编制制造费用分配表(见表 5.9)。

表 5.9

制造费用分配

年 月 日

产品名称	实际产量定额工时/小时	计划分配率	分配金额/元
甲产品			
乙产品			
合 计			

(2) 计算本月应分配转出的制造费用，并编制会计分录。

实训 6

目的

练习制造费用按年度计划分配率法分配的核算。

资料

某企业基本生产车间的有关资料如表 5.10 所示。

表 5.10　　生产费用资料

产品名称	年度预算产量/件	单位产品定额工时/小时	1 月份实际产量/件
甲产品	3 000	5	400
乙产品	2 000	8	100

该年度制造费用预算为 62 000 元，2014 年 1 月份实际制造费用为 5 400 元，本年度实际费用为 60 000 元。

要求

(1) 根据上述资料，采用年度计划分配率法分配计算 1 月份甲、乙产品负担的制造费用，并编制制造费用分配表(表 5.11)。

表 5.11　　制造费用分配

年　月　日

产品名称	实际产量定额工时/小时	计划分配率	分配金额/元
甲产品			
乙产品			
合　计			

(2) 假定年终已分配制造费用 61 000 元(其中甲产品承担 43 000 元,乙产品承担 18 000 元),计算本年度的差异额中甲、乙产品各应负担的金额,并做出差异额处理的会计分录。

实训 7

目的

练习制造费用归集和分配的计算及核算。

资料

某工业企业只有一个生产车间,全年制造费用计划为 100 800 元。全年的计划产量为甲产品 1 200 件,乙产品 960 件,丙产品 400 件;单件产品的工时定额为甲产品 8 小时,乙产品 5 小时,丙产品 6 小时;2014 年 11 月份的实际产量为甲产品 100 件,乙产品 90 件,丙产品 50 件;该月实际制造费用为 9 000 元;该月"制造费用"科目月初有借方余额 80 元。

要求

(1) 计算制造费用的年度计划分配率。

(2) 计算、结转 11 月份应分配转出的制造费用,将结果填入表 5.12,并确定 11 月份制造费用的月末余额。

表 5.12 制造费用分配

年 月 日

产品名称	实际产量定额工时/小时	计划分配率	分配金额/元
合 计			

(3) 如果12月份的实际产量为甲产品90件，乙产品100件，丙产品60件，该月实际制造费用为9 600元，请计算、结转12月份应分配转出的制造费用，将结果填入表5.13，并做出相应的调整分录（甲、乙、丙产品分别按50%、30%、20%的比例调整）。

表5.13

制造费用分配

年　月　日

产品名称	实际产量定额工时/小时	计划分配率	分配金额/元
合　计			

五、简答题

1. 什么是制造费用？它一般包括哪些明细项目？

2. 如何设置制造费用明细账？

3. 制造费用有哪些分配方法？它们是如何分配的？

4. 简述生产工人工时比例法的适用范围和优缺点。

5. 简述年度计划分配率法的适用范围和优缺点。

模块六 废品损失和停工损失的归集和分配

知识要点

一、废品损失的归集和分配

- 废品损失的归集和分配
  - 废品损失的含义
  - 废品损失的核算方法
    - 不可修复废品损失的核算
    - 可修复废品损失的核算

二、停工损失的归集和分配

- 停工损失的归集和分配
  - 停工损失的含义
  - “停工损失”账户的设置
  - 停工损失的归集
  - 停工损失的分配

要点点拨

1. 废品损失的归集和分配

废品损失是指企业因产生废品而造成的损失，分为可修复废品损失和不可修复废品损失两种情况。不可修复废品的损失是指截至报废时所发生的不可修复废品的生产成本，扣除废品残料和应收赔偿款后的损失。在实际工作中，不可修复废品的生产成本，可以按废品消耗的实际费用计算，也可以按废品消耗的定额费用计算。可修复废品损失是指可修复废品的修复费用，包括材料费用、人工费用和应负担的制造费用等，返修时所发生的各项费用可以单独设置“废品损失”账户进行核算。

2. 停工损失的归集和分配

停工损失是指生产车间或车间内某个班组在停工期间内发生的各项费用，包括停工期间内发生的燃料及动力费、损失的材料费、应支付的生产工人工资及提取的福利费和应负担的制造费用等。为了考核和控制企业停工期间发生的各项费用，核算停工损失，可单独设置“停工损失”总分类账户或在“生产成本”总分类账户下设置“停工损失”明细账。企业“停工损失”账户归集的停工损失，应当根据发生停工的原因进行分配和结转：可以获得赔偿的停工损失，应当积极索赔，并冲减停工损失；由于自然灾害等引起的非正常停工损失，应计入营业外支出；机器设备大修理期间的停工损失计入制造费用；其他原因造成的停工损失，应计入产品成本（“停工损失”项目）。

业务处理

一、废品损失的归集和分配

1. 不可修复废品的核算

① 按废品实际生产成本计算。

借：废品损失——×产品（结转不可修复废品成本）

　　贷：基本生产成本——×产品

借：原材料（结转废品残料价值）

　　贷：废品损失——×产品

借：其他应收款（应收过失人赔偿款）

　　贷：废品损失——×产品

借：基本生产成本（将废品净损失结转到合格品成本）

　　贷：废品损失——×产品

② 按废品定额成本计算。

按废品定额成本计算的方法与按实际生产成本计算的方法一致。

2. 可修复废品的核算

借：废品损失——×产品（返修时发生的费用）

　　贷：原材料

　　　　应付职工薪酬

　　　　制造费用

借：其他应收款（应收过失人的赔偿款）

　　贷：废品损失——×产品

借:基本生产成本——×产品(结转废品净损失)
　　贷:废品损失——×产品

二、停工损失的归集和分配

1. 停工损失的归集

借:停工损失——××车间　(发生停工损失)
　　贷:原材料
　　　　应付职工薪酬
　　　　制造费用等

2. 停工损失的分配

借:其他应收款(结转应由过失单位或保险公司负担的赔偿款)
　　贷:停工损失——××车间
借:营业外支出(不计入产品成本的停工损失)
　　贷:停工损失——××车间
借:基本生产成本——××产品(应计入产品成本的停工损失)
　　贷:停工损失——××车间

关键名词

损失性费用　废品　废品损失　可修复废品　不可修复废品　工废品　料废品
不可修复废品损失　可修复废品损失　停工损失

案例阅读

企业发生的不可修复的废品损失会使企业产品单位成本提高、产品产量降低,例如某企业花1 000元购买原材料,加工10件产品,结果报废了一个,并且此件产品不可修复,只剩9件合格产品,在不考虑其他成本的情况下,该产品的总成本是1 000元,没有变,单位成本从10件1 000元,变成了9件1 000元,单位成本提高了,产量由原来的10件变成了9件,产量降低了。

典型例题解析

一、判断正误

凡是修复后可以正常使用的废品就是可修复废品。　(　)

参考答案:×

答案解析:可修复废品是指在技术上可以修复且所耗费的修复费用在经济上合算的废品。

二、选择题

1. 废品净损失应由(　　)。
   A. 同种合格产品成本负担　　B. 营业成本负担
   C. 营业外支出负担　　D. 税后利润负担

参考答案:A

答案解析:企业在生产经营过程中发生的废品损失,无论是在生产过程中发现,还是在入库、销售后发现,均作为废品损失,在扣除过失人赔偿和残料价值后,其余均应计入合格品成本。

2. 废品损失中废品的范围包括(　　)。
   A. 生产过程中发现的废品
   B. 入库以后发现的生产过程中造成的废品
   C. 入库以后由于保管不善等原因而造成的废品
   D. 不需要返修就可以出售的不合格品

参考答案:AB

答案解析:废品是指质量不符合规定的技术标准,不能按原定用途使用,或者需经加工修理以后才能使用的产成品、半成品或在产品等。不论是在生产过程中发现的,还是在入库后发现的废品,均在废品之列。

练习题

一、单项选择题

1. 不论是在生产过程中发现的废品损失,还是在入库后发现的废品损失,均不包括(　　)。
   A. 修复废品领用材料　　B. 修复废品人员薪酬
   C. 不可修复废品报废　　D. 入库后保管不善造成的损失

2. 如果产品入库时是合格品,入库后由于保管不善等原因造成的变质、损坏而发生的损失,应作为(　　)处理。
   A. 废品损失　　B. 产品成本　　C. 制造费用　　D. 管理费用

3. 企业因实行包退、包修、包换而发生的“三包”损失,应作为(　　)处理。
   A. 销售费用　　B. 管理费用　　C. 营业外支出　　D. 废品损失

4. 下列废品损失应计入产品成本的是(　　)。
   A. 工废品　　B. 料废品
   C. 入库后保管不善造成的损失　　D. 降价出售

5. 不可修复废品的生产成本可以按照所耗实际费用分配计算,也可以按照废品所耗(　　)计算。
   A. 定额消耗　　B. 消耗定额　　C. 定额费用　　D. 费用定额

6. 可修复废品在返修过程中所发生的各项费用扣除收回的残值及应收赔偿款后的净支出属于(　　)。
   A. 废品损失　　B. 停工损失　　C. 报废损失　　D. 修复费用

7. 废品残料回收价值和应收过失人赔偿款,应记入“废品损失”账户的(　　)。

A. 借方　B. 贷方　C. 借方或贷方　D. 不一定

8. 废品净损失分配转出时，应借记（　　）账户，贷记“废品损失”账户。
   A. “制造费用”　B. “基本生产成本”
   C. “管理费用”　D. “营业外支出”

9. 企业由于各种原因造成停工，停工期间发生的各项费用属于（　　）。
   A. 废品损失　B. 报废损失　C. 修复费用　D. 停工损失

10. 根据发生停工的原因，不计入产品成本的停工损失是（　　）。
   A. 原材料供应不及时停工　B. 半成品供应不及时停工
   C. 自然灾害停工　D. 计划减产停工

二、多项选择题

1. 成本核算中的损失性费用包括（　　）。
   A. 废品损失　B. 非常损失　C. 停工损失　D. 坏账损失

2. 下列各项应该包括在废品损失中的是（　　）。
   A. 不可修复废品的报废损失　B. 不合格产品的降价损失
   C. 可修复废品的修复费用　D. “三包”产品的损失

3. 下列各项损失中，不列入企业废品损失的有（　　）。
   A. 入库后保管不善造成的损失　B. 运输不当造成的损失
   C. 降价出售不合格产品的损失　D. 实行“三包”造成的损失

4. “废品损失”账户反映的内容有（　　）。
   A. 可修复废品的修复费用　B. 不可修复废品的生产成本
   C. 可修复废品的销售费用　D. 废品残料回收的价值

5. 计算不可修复废品的净损失，应考虑的因素有（　　）。
   A. 不可修复废品的生产成本　B. 废品残料回收价值
   C. 应收赔偿款　D. 修复费用

6. 可修复废品必须具备的条件有（　　）。
   A. 在技术上可以修复　B. 在经济上合算
   C. 修复后可以使用　D. 不考虑修复费用

7. 可修复废品的修复费用应包括（　　）。
   A. 修复废品的材料费用　B. 修复废品的工资费用
   C. 修复废品的动力费用　D. 修复废品的销售费用

8. 下列各项中，应抵减废品损失的有（　　）。
   A. 回收的残值　B. 应收赔偿款
   C. 可修复废品的修复费用　D. 不可修复废品的生产成本

9. 停工损失包括（　　）。
   A. 原材料供应不及时停工　B. 季节性生产停工
   C. 意外事故停工　D. 计划减产停工

10. 月末结转停工损失时，可能借记的账户有（　　）。
   A. “营业外支出”　B. “其他应收款”

C. “基本生产成本” D. “其他应付款”

三、判断题

1. 废品仅指企业在生产过程中发现的废品。 ( )
2. 修复后可以使用的废品不一定是可修复废品。 ( )
3. 可修复废品是指在技术上可以修复,而且所耗费的修复费用在经济上合算的废品。 ( )
4. 废品损失,是指不可修复废品的生产成本,扣除回收废料残值和过失人赔款后的损失。 ( )
5. 产品入库后,由于保管不善等原因而造成变质、损坏的损失,属于废品损失。 ( )
6. 在不单独核算废品损失的情况下,合格品的各个成本项目中均可能包括废品损失。 ( )
7. 发生废品损失时,可能降低产品的单位成本。 ( )
8. 可修复废品返修以前发生的生产费用不属于废品损失。 ( )
9. 季节性生产企业在停工期间发生的费用,应计入停工损失。 ( )
10. 由于自然灾害等引起的非正常停工损失,应计入营业外支出。 ( )

四、实训题

实训 1

目的

练习废品损失计算表的编制。

资料

某企业本月甲产品生产过程中发现不可修复废品 20 件。合格品生产工时 9 800 小时,废品工时 200 小时。本月甲产品全部生产费用为直接材料 40 000 元、直接人工 20 000 元、制造费用 15 000 元。甲产品本月投产 500 件,原材料是开工时一次投入,废品残料入库作价 100 元。

要求

根据以上资料编制不可修复废品损失计算表(见表 6.1)。

表 6.1 废品损失计算

产品: 年 月 日 元

项 目	数量/件	直接材料	生产工时/小时	直接人工	制造费用	合 计
生产费用						
费用分配率						
废品生产成本						
减:废品残值						
应收赔偿款						
废品损失						

实训 2

目的

练习不可修复废品损失的核算。

资料

某基本生产车间生产乙产品共 100 件，生产过程中发现不可修复废品 10 件，全部生产费用 10 000 元，其中原材料 5 000 元，职工薪酬 3 000 元，制造费用 2 000 元；全部生产工时 2 000小时，其中废品生产工时 100 小时；材料是生产开始时一次投入，废品回收残料价值 50 元，应收过失人赔款 100 元。

要求

（1）根据以上资料，编制不可修复废品损失计算表（见表 6.2）。

表 6.2　　**废品损失计算**

产品：　　　　年　月　日　　　　元

项　目	数量/件	直接材料	生产工时/小时	直接人工	制造费用	合　计
生产费用						
费用分配率						
废品生产成本						
减：废品残值						
应收赔偿款						
废品损失						

（2）编制有关会计分录。

实训 3

目的

练习废品损失的计算。

资料

某工业企业生产甲产品 150 件，生产过程中发现其中 15 件为不可修复废品，该产品的实际成本的有关记录如下。

表 6.3　　**产品和废品实际成本**

元

项　目	数量/件	直接材料	生产工时/小时	直接人工	制造费用	合　计
生产费用	150	90 000	2 500	60 000	30 000	180 000
费用分配率						
废品生产成本	15		190			
减:废品残值		240				240
应收赔偿款				150		150
废品损失						

假定原材料是在开始生产时一次投入的，工资及附加费、制造费用按生产工时比例分配。

要求

计算费用分配率、废品生产成本和废品损失，并将计算结果填入表 6.3。

实训 4

目的

练习废品净损失的计算。

资料

某工业企业甲种产品可修复废品的修复费用为原材料 3 000 元、职工薪酬 800 元、制造费用 1 500 元。另有不可修复废品 20 件，按定额成本计价，每件原材料费用定额 50 元，废品的定额工时共为 110 小时，每小时的职工薪酬 3 元，每小时的制造费用 4 元。不可修复废品的残料作为辅助材料入库，共计 200 元，应由过失人赔款 300 元。

要求

(1) 计算可修复废品和不可修复废品的净损失。

（2）编制相应的会计分录。

实训 5

目的

练习废品损失归集和分配的核算。

资料

某企业某月份在生产过程中发现废品，资料如下。

① 该厂基本生产车间本月生产甲产品 2 000 件，其中合格产品 1 850 件，不可修复废品 100 件，可修复废品 50 件。

② 生产甲产品 2 000 件，共发生工时 48 000 小时，其中不可修复废品为 2 400 小时。

③ 本月生产甲产品共发生直接材料费用 40 000 元、直接人工费用 96 000 元、制造费用 28 800 元。

④ 本月对可修复废品进行修理而发生材料费 560 元、职工薪酬 729.6 元、制造费用 1 210.40元。

⑤ 生产甲产品所需的原材料是开始投产时一次投入。

⑥ 不可修复废品 100 件的残值估计为 270 元，作为废料入库。

要求

（1）编制不可修复废品成本计算表（见表 6.4）。

表 6.4 废品损失计算

产品： 年 月 日 元

项 目	数量/件	直接材料	生产工时/小时	直接人工	制造费用	合 计
生产费用						
费用分配率						
废品生产成本						
减：废品残值						
应收赔偿款						
废品损失						

（2）编制废品损失归集与结转的会计分录。

实训 6

目的

练习废品损失的核算。

资料

某工业企业某车间在 2014 年 4 月份生产乙种产品 100 件，生产过程中发现 8 件废品，其中 5 件为不可修复废品，3 件为可修复废品。该产品成本明细账在修复前所计合格品和废品共同发生的生产费用为直接材料 52 020 元、直接人工 45 600 元、制造费用 48 000 元，生产工时 4 800 小时（合格品 4 692 小时，不可修复废品 50 小时，可修复废品 58 小时）。原材料在生产开始时一次投入，不可修复废品的残料价值和责任的赔偿款分别为 250 元和 380 元。修复可修复废品额外增加 10 小时，每小时定额费用为直接人工 8 元、制造费用 10 元。所有废品净损失由本月完工乙产品负担。

要求

(1) 填列不可修复废品净损失计算表（见表 6.5）。

表 6.5 **废品损失计算**

产品： 年 月 日 元

项 目	数量/件	直接材料	生产工时/小时	直接人工	制造费用	合 计
生产费用						
费用分配率						
废品生产成本						
减：废品残值						
应收赔偿款						
废品损失						

(2) 计算企业废品净损失。

(3) 编制有关会计分录。

实训 7

目的

练习废品损失定额费用法的核算。

资料

某企业的生产车间本月在生产乙产品过程中发现不可修复废品 200 件，按所耗定额费用计算不可修复废品的生产成本。单件原材料费用定额为 15 元，已完成的定额工时 50 小时。每小时的费用定额为燃料和动力费 8 元、工资及福利费 10 元、制造费用 12 元。不可修复废品的残料作价 200 元以原材料入库，应由过失人员赔款 150 元。废品净损失由当月同种产品成本负担。

要求

用定额费用法计算乙产品不可修复废品成本及净损失，并编制相应会计分录。

五、简答题

1. 什么是损失性费用？它包括哪些内容？

2. 什么是可修复废品？什么是不可修复废品？

3. 什么是料废品？什么是工废品？

4. 什么是停工损失？它包括哪些内容？

5. 如何对停工损失进行分配？

模块七

生产费用在完工产品成本和在产品成本之间的分配方法

知识要点

一、在产品的含义

- 在产品
  - 广义在产品
    - 尚未完成全部生产过程的在产品、自制半成品
  - 狭义在产品
    - 某生产单位或某步骤正在加工的在产品
    - 不包括某生产单位或某步骤完工的自制半成品

二、生产费用在完工产品与在产品之间的分配

- 生产费用在完工产品与在产品之间的分配
  - 在产品数量的核算
    - 在产品数量的核算
    - 在产品数量的清查
  - 完工产品与在产品之间费用分配方法
    - 不计算在产品成本法
    - 按年初数固定计算在产品成本法
    - 在产品按所耗原材料费用计算法
    - 约当产量比例法
    - 在产品按完工产品成本计算法
    - 在产品按定额成本计算法
    - 定额比例法

要点点拨

1. 在产品含义

在产品有广义和狭义两种不同的含义。广义在产品是指企业已经投入生产，但尚未完成全部生产过程，不能作为商品销售的产品。广义在产品包括正在各个生产单位加工的在产品和已经完成一个或多个生产步骤，尚未最终完工而需要继续加工的自制半成品。狭义在产品是就企业某一个生产单位(分厂、车间)或某一个生产步骤而言的，它是指本生产单位和本生产步骤正在加工的在产品，不包括该生产单位或生产步骤已经完工交付的自制半成品。

2. 在产品核算

在产品计算的原始凭证是在产品台账，一般由车间核算人员登记，也可由班组核算员登记，车间核算员汇总。在产品清查需要填制在产品盘点表和在产品盘盈盘亏报告表。

3. 完工产品与在产品计算的关系

月初在产品成本、本月生产费用与本月完工产品成本和月末在产品成本四者之间的关系，可用公式表示如下。

月初在产品成本＋本月生产费用＝本月完工产品成本＋月末在产品成本

4. 完工产品与在产品成本的分配

完工产品与在产品成本的分配方法有7种：不计算在产品成本法、在产品成本按年初在产品成本计算法、在产品成本按所耗原材料费用计算法、约当产量比例法、在产品成本按完工产品成本计算法、在产品按定额成本计算法、定额比例法。

5. 约当产量

约当产量是指在产品按其完工程度折合成完工产品的产量。按约当产量比例分配的方法，就是将月末结存的在产品，按其完工程度折合成约当产量，然后再将产品应负担的全部生产费用，按完工产品产量和在产品的约当产量比例进行分配的一种方法。

6. 完工产品核算

完工产品经产成品仓库验收入库以后，其成本应从“基本生产成本”科目和各种产品成本明细账的贷方转入到各有关科目的借方。

完工产品和在产品成本的计算

1. 不计算在产品成本法

本月完工产品成本＝本月发生的全部生产费用

本月在产品成本＝0

2. 在产品成本按年初在产品成本计算法

本月完工产品成本＝本月发生的全部生产费用
本月在产品成本＝年初在产品成本

3. 在产品成本按所耗原材料费用计算法

$$原材料费用分配率=\frac{月初在产品+本月发生生产费用}{产成品产量+月末在产品产量}$$

完工产品的原材料费用＝本月完工产品产量×原材料费用分配率
月末在产品原材料费用(即月末在产品成本)＝本月在产品产量×原材料费用分配率
完工产品成本＝完工产品的原材料费用＋其他生产费用

4. 约当产量比例法

在产品的约当产量＝在产品数量×完工程度

$$分配率=\frac{月初在产品成本+本月发生生产费用}{产成品产量+月末在产品约当产量}$$

产成品成本＝分配率×产成品产量
月末在产品成本＝分配率×月末在产品约当产量

5. 在产品成本按完工产品成本计算法

$$直接材料费用分配率=\frac{月初原材料费用+本月原材料费用}{完工产品产量+在产品产量}$$

完工产品直接材料费用＝完工产品产量×直接材料费用分配率
月末在产品直接材料费用＝在产品产量×直接材料费用分配率

$$直接工资费用分配率=\frac{月初工资费用+本月工资费用}{完工产品产量+在产品产量}$$

完工产品直接工资费用＝完工产品产量×直接工资费用分配率
月末在产品直接工资费用＝在产品产量×直接工资费用分配率
本月完工产品成本＝完工产品直接材料费用＋完工产品直接工资费用
月末在产品成本＝月末在产品直接材料费用＋月末在产品直接工资费用

6. 在产品按定额成本计算法

期末在产品直接材料定额成本 ＝期末在产品数量×单位在产品材料定额成本
期末在产品直接人工定额成本＝期末在产品定额工时×单位工时定额人工费
期末在产品制造费用定额成本＝期末在产品定额工时×单位工时定额制造费用
＝期末在产品数量×单位在产品定额制造费用
期末在产品定额成本＝期末在产品直接材料定额成本＋期末在产品直接人工定额成本＋期末在产品制造费用定额成本

本月完工产品总成本＝期初在产品定额成本＋本月发生生产费用－期末在产品定额成本

7. 定额比例法

① 直接材料分配

$$\text{直接材料分配率}=\frac{\text{月初在产品直接材料实际成本}+\text{本月发生直接材料实际成本}}{\text{完工产品定额耗用量(成本)}+\text{月末在产品直接材料定额耗用量(成本)}}$$

完工产品直接材料实际成本＝完工产品直接材料定额耗用量(成本)×直接材料分配率

月末在产品直接材料实际成本＝月末在产品直接材料定额耗用量(成本)×直接材料分配率

② 直接人工和制造费用分配

$$\text{直接人工分配率}=\frac{\text{月初在产品直接人工实际成本}+\text{本月发生直接人工实际成本}}{\text{完工产品定额工时}+\text{月末在产品定额工时}}$$

$$\text{制造费用分配率}=\frac{\text{月初在产品制造费用实际成本}+\text{本月发生制造费用实际成本}}{\text{完工产品定额工时}+\text{月末在产品定额工时}}$$

完工产品直接人工(制造费用)实际成本＝完工产品定额工时×直接人工(制造费用)分配率

月末在产品直接人工(制造费用)实际成本＝月末在产品定额工时×直接人工(制造费用)分配率

业务处理

完工产品成本的结转会计分录如下。

借：库存商品——×产品(完工产品入库)

　　原材料——×材料(完工自制材料)

　　周转材料——低值易耗品(周转材料)

　　贷：基本生产成本——×产品

关键名词

在产品　完工产品　在产品按所耗原材料费用计算法　约当产量　约当产量比例法　在产品按定额成本计算法　定额比例法

案例阅读

在产品和半成品的管理

在产品是指企业正在某一道生产工序中制造尚未完成的产品，需进一步加工成半成品或产成品。在产品一般是不需入库的，而且也不直接销售。半成品是指经过一定生产过程并已检验合格交付半成品仓库保管，但尚未制造完工成为产成品，仍需进一步加工的中间产品。半成品一般是要入半成品仓库的，而且可以直接对外销售。在产品从内涵上包含半成品。

企业对在产品、半成品应当定期组织盘点，防止成本虚增、虚减。要建立全厂在产品、半成品的盘存制度，由生产管理部门组织盘存。盘存工作一般可按下列办法进行。

① 单件小批生产和轮番投产的生产类型，当产品完工时，应及时组织静态盘点。

② 成批大量生产的生产类型，应定期组织盘点。在设有实物台账的企业，一般每季度盘点一次。

③ 在年度终了前，要组织在产品、半成品的全面盘存，发生盈亏应查明原因，按照规定的审批权限，经批准后，扣除责任人赔偿，计入管理费用。如果没有在产品实物数量记录的，必须按月组织盘点。

企业应当根据在产品的数量记录、盘存记录，正确计算成本，不得任意估计。

典型例题解析

一、判断正误

原材料是在生产开始时一次投入的，在产品应按完工程度计算约当产量，并按约当产量分配材料费用。（　）

参考答案：×

答案解析：原材料是在生产开始时一次投入的。这时，在产品无论完工程度如何，都应和完工产品同样负担材料费用，因而不需计算在产品的约当产量。

二、选择题

1. 狭义的在产品是指（　　）。

A. 正在加工的在制品　　B. 需要进一步加工的自制半成品

C. 可以对外销售的自制半成品　　D. 可以对外销售的产成品

参考答案：A

答案解析：狭义在产品是对企业某一个生产单位（分厂、车间）或某一个生产步骤而言的，它只指本生产单位和本生产步骤正在加工的在制品，不包括该生产单位或生产步骤已经完工交付的自制半成品。

2. 在产品盘亏、毁损经过批准处理时，可能借记的科目有（　　）。

A. “基本生产成本”　　B. “营业外支出”

C. “管理费用”　　D. “其他应收款”

参考答案：BCD

答案解析：在产品盘亏毁损，属于意外灾害的扣除赔偿款记入“营业外支出”科目，属于管理不善的扣除赔偿款记入“管理费用”科目。

练习题

一、单项选择题

1. 下列不应列入在产品的是（　　）。

A. 已验收入库对外销售的产成品　　B. 正在车间加工中的半成品
C. 已验收入库仍需加工的半成品　　D. 正在车间加工中的在制品

2. 在产品盘亏、损毁,其意外灾害净损失经批准应计入(　　)。
A. 制造费用　　B. 其他应收款　　C. 管理费用　　D. 营业外支出

3. 不计算在产品成本法适用于(　　)的情况。
A. 月末没有在产品　　B. 月末在产品数量很小
C. 月末在产品数量很大　　D. 月末在产品数量变化很大

4. (　　)方法适用于月末在产品数量较多,且原材料费用在产品成本中所占比重较大的情况。
A. 不计算在产品成本法　　B. 约当产量比例法
C. 在产品按所耗原材料费用计算法　　D. 在产品按定额成本计算法

5. 按完工产品与月末在产品数量比例分配计算完工产品与月末在产品的直接材料费用的条件是(　　)。
A. 直接材料在生产开始时一次投入　　B. 直接材料随生产过程陆续投入
C. 产品成本中直接材料费用比重较大　　D. 产品成本中直接材料费用比重较小

6. 在产品完工程度为(　　)与完工产品工时定额的比率。
A. 所在工序工时定额
B. 所在工序工时定额的一半
C. 所在工序累计工时定额
D. 上道工序累计工时定额与所在工序工时定额一半的和

7. 某产品经过两道工序,各工序的原材料定额分别为300千克和200千克,原材料在每一道工序开始时一次投入,则第一道工序的投料率为(　　)。
A. 30%　　B. 60%　　C. 80%　　D. 100%

8. 某产品经过两道工序,各工序的工时定额分别为60小时和40小时,则第二道工序的完工率为(　　)。
A. 30%　　B. 60%　　C. 80%　　D. 100%

9. 定额比例法适用于各项消耗定额或定额费用比较准确、稳定,但(　　)的情况。
A. 月末在产品数量很少　　B. 月末在产品数量变动不大
C. 月末在产品接近完工　　D. 月末在产品数量变动较大

10. 某产品本月完工50件,月末在产品60件,在产品平均完工程度为50%,累计发生产品费用100 000元,采用约当产量比例法计算在产品成本时,本月完工产品的成本是(　　)元。
A. 37 500　　B. 45 455　　C. 62 500　　D. 54 545

二、多项选择题

1. 下列属于广义在产品的有(　　　　)。
A. 正在加工的在制品　　B. 需要继续加工的半成品
C. 未验收入库的产成品　　D. 等待维修的可修复废品

2. 下列属于生产费用在完工产品与在产品之间分配的方法有(　　　　)。
A. 约当产量比例法　　B. 交互分配法

C. 定额比例法　　D. 不计算在产品成本法

3. 某企业生产的产品，月末在产品数量变动较大，且产品成本中原材料所占比重较小，企业在选择完工产品与在产品之间分配生产费用时，不适合采用的方法有(　　)。

A. 不计算在产品成本法　　B. 按年初数固定计算在产品成本法

C. 在产品按所耗原材料费用计算法　　D. 约当产量比例法

4. 平时把本月发生的生产费用作为本月完工产品成本的方法有(　　)。

A. 不计算在产品成本法

B. 在产品成本按年初在产品成本计算法

C. 在产品按完工产品成本计算法

D. 在产品按定额成本计算法

5. 采用约当产量比例法，应具备以下(　　)条件。

A. 材料费用和人工费用比重相差较大　　B. 各月末在产品数量变化较小

C. 材料费用和人工费用比重相差不大　　D. 各月末在产品数量变化较大

6. 原材料投入形式有(　　)。

A. 生产开始时一次投入　　B. 生产过程陆续投入

C. 供应开始时一次投入　　D. 供应过程陆续投入

7. 分配计算完工产品和月末在产品之间的费用时，采用定额比例法应具备的条件是(　　)。

A. 产品的消耗定额比较稳定　　B. 各月末在产品数量变化较小

C. 产品的消耗定额比较准确　　D. 定额管理基础较好

8. 采用按年初数固定计算在产品成本法，应具备的条件是(　　)。

A. 各月末在产品数量较大

B. 各月末在产品数量较小

C. 各月末在产品数量变化较大

D. 各月末在产品数量虽大，但各月之间变化不大

9. 在产品成本按完工产品成本计算法，适用于(　　)的情况。

A. 月末在产品已接近完工　　B. 产品已经加工完毕尚未验收入库

C. 月末在产品数量很少　　D. 产品已经加工完毕尚未包装入库

10. 不适合月末在产品数量较大，且各月末在产品数量变动较大情况的方法有(　　)。

A. 不计算在产品成本

B. 在产品成本按年初在产品成本计算法

C. 在产品按定额成本计算法

D. 定额比例法

三、判断题

1. 在产品只包括正在车间加工中的在产品。(　)

2. 如果各月月末在产品数量很小，可以不计算月末在产品成本。(　)

3. 采用在产品成本按所耗原材料费用计算法，在产品成本中不包含工资等加工费用。(　)

4. 约当产量就是将月末在产品数量按照完工程度折算为相当于完工产品的产量。（　）

5. 采用约当产量比例法分配费用时，全部在产品完工程度均可按 50% 平均计算。（　）

6. 完工产品与在产品之间分配费用的约当产量比例法适用于各项加工费用的分配，不适用于原材料费用的分配。（　）

7. 完工产品与在产品之间分配费用，采用在产品按完工产品成本计算法时，在产品就是完工产品，全部生产费用之和就是完工产品成本。（　）

8. 采用在产品按定额成本计算法时，月末在产品的定额成本与实际成本的差异，全部由完工产品成本负担。（　）

9. 定额比例法适用于各项消耗定额或费用定额比较准确、稳定，但各月末在产品数量变动较大的产品。（　）

10. 在期初在产品与期末在产品的数量基本平衡的情况下，对生产费用进行分配时，可以不考虑期初和期末在产品应负担的生产费用。（　）

四、实训题

实训 1

目的

练习在产品按所耗原材料费用计算法的计算。

资料

某企业生产 A 产品，原材料于生产开始时一次投入，产品成本中原材料所占比重很大。月初在产品原材料费用为 7 000 元，本月发生的生产费用为原材料费用 25 000 元、职工薪酬费用 6 000 元、制造费用 12 000 元，本月完工产品 150 台，月末在产品 50 台。

要求

采用在产品按所耗原材料费用计算法，计算 A 完工产品成本和月末在产品成本，并填入表 7.1。

表 7.1　　　　**产品成本计算单**

产品名称：　　　　　　月　日　　　　　　元

项　目	直接材料	直接人工	制造费用	合　计
月初在产品成本				
本月生产费用				
合　计				
完工产品成本（　　台）				
单位成本				
月末在产品成本（　　台）				

实训 2

目的

练习在产品完工程度的计算。

资料

某厂 B 产品单件工时定额为 80 小时，经过 3 道工序加工而成。其中第 1 道工序工时定额为 16 小时，第 2 道工序工时定额为 32 小时，第 3 道工序工时定额为 32 小时。各工序内在产品完工程度平均为 50%。

要求

计算在产品的完工程度。

实训 3

目的

练习约当产量法的计算。

资料

某企业生产 C 产品由两道工序加工完成，原材料在生产开始时一次投入。单位产品工时定额为 100 小时，第 1 道工序工时定额为 40 小时，第 2 道工序工时定额为 60 小时，各道工序在产品加工程度均按 50% 计算。本月 C 产品完工 500 件，各工序在产品数量为第 1 道工序 200 件，第 2 道工序 300 件。月初在产品及本月生产费用累计为直接材料 18 000 元、直接人工 2 250 元、制造费用 4 500 元。

要求

(1) 分工序计算完工率和在产品约当产量，并填入表 7.2。

表 7.2 完工率和约当产量计算

工　序	在产品数量/件	工时定额/小时	完工率/(%)	约当产量/件
合　计				

(2) 计算费用分配率。

(3) 计算完工产品费用和月末在产品成本，并填入表 7.3。

表 7.3 产品成本计算单

产品名称： 月 日 元

项 目	直接材料	直接人工	制造费用	合 计
月初及本月生产费用合计				
费用分配率				
完工产品成本				
单位成本				
月末在产品成本				

（4）编制完工产品入库的会计分录。

实训 4

目的

练习约当产量法原材料费用分配的计算。

资料

D产品由两道工序加工而成。原材料随生产进度分工序投入，在每道工序开始时一次投料。第1道工序投入原材料定额为80千克，月末在产品数量2 000件；第2道工序投入原材料定额为120千克，月末在产品数量3 000件。完工产品为8 200件，月初在产品和本月发生的实际原材料费用累计480 000元。

要求

（1）分别计算2道工序按原材料消耗程度表示的在产品完工率和在产品的约当产量，并填入表7.4。

表 7.4 投料率和约当产量计算

产品名称： 月 日 元

工 序	在产品数量/件	材料消耗定额/千克	投料率/(%)	约当产量/件
合 计				

（2）按约当产量法分配完工产品与月末在产品的原材料费用。

实训 5

目的

练习约当产量法的计算。

资料

某厂 E 产品本月完工 1 500 台，月末在产品 200 台，原材料于生产开始时一次投入。期初在产品成本为直接材料 18 000 元、直接人工 2 000 元、制造费用 3 000 元；本月发生费用为直接材料 50 000 元、直接人工 30 000 元、制造费用 45 000 元。在产品完工程度估计为 50%。

要求

按约当产量法计算完工产品与月末在产品的成本，并填入表 7.5。

表 7.5　　**产品成本计算单**

产品名称：　　月　日　　元

项　目	直接材料	直接人工	制造费用	合　计
月初在产品成本				
本月生产费用				
合　计				
费用分配率				
完工产品成本				
单位成本				
月末在产品成本				

实训 6

目的

练习定额成本法的计算。

资料

某企业生产F产品，原材料在生产开始时一次投入。该产品各项消耗定额比较准确、稳定，各月末在产品的数量变化不大，月末在产品按定额成本计价。F产品本月完工900件，原材料费用定额为160元；月末在产品200件，原材料费用定额为160元，工时定额为700小时；工资费用16元/小时，制造费用20元/小时。月初在产品及本月实际生产费用共计为原材料费用195 000元、人工费用70 000元、制造费用50 000元。

要求

(1) 计算月末在产品的定额原材料费用。

(2) 计算月末在产品的定额人工费用、定额制造费用。

(3) 计算月末在产品定额成本。

(4) 计算完工产品成本，并填入表7.6。

表7.6 产品成本计算单

产品名称： 月 日 元

项　目	直接材料	直接人工	制造费用	成本合计
生产费用累计				
月末在产品定额成本				
完工产品成本				
单位成本				

实训 7

目的

练习定额比例法的计算。

资料

某厂大量生产的 G 产品是定型产品，有比较健全的定额资料和定额管理制度。本月完工 G 产品 2 000 件，原材料定额费用 4 000 元，定额工时 2 500 小时；月末在产品 500 件，原材料定额费用 1 000 元，定额工时 500 小时。G 产品月初在产品成本和本月发生的生产费用如表 7.7 所示。

表 7.7　　**产品成本**　　元

项　目	直接材料	直接人工	制造费用	成本合计
月初在产品费用	1 500	3 000	2 000	6 500
本月生产费用	4 500	7 500	5 500	17 500

要求

采用定额比例法计算月末在产品和本月完工产品成本，并填入表 7.8（原材料费用按原材料定额费用比例分配，其他费用按定额工时比例分配）。

表 7.8　　**产品成本计算单**

产品名称：　　月　日　　元

项　目	直接材料	直接人工	制造费用	成本合计
月初在产品费用				
本月生产费用				
生产费用累计				
费用分配率				
完工产品成本				
单位成本				
月末在产品成本				

五、综合实训题

目的

1. 熟练掌握生产费用在完工产品与在产品之间的几种分配方法。
2. 能根据企业生产实际，选择合理的分配方法，编制各种方法下的生产费用分配表。

资料

1. 某公司生产甲产品，产品成本中原材料所占的比重较大，月末在产品按所耗原材料费用计算。2014 年 1 月，月初在产品的直接材料费用为 10 000 元；1 月份发生的生产费用为直接材料 35 000 元，直接人工 5 000 元，制造费用 10 000 元。本月完工产品 400 件，月末在产品 100 件。

要求

(1) 假定原材料于生产开始时一次投入，采用在产品按所耗原材料费用计算法在完工产品和在产品之间分配费用，计算本月完工产品和月末在产品的总成本和单位成本，并登记甲产品成本明细账（见表 7.9）。

表 7.9 **产品成本明细账**

产品名称：甲产品　　　　年　月　　　　元

年		摘　要	直接材料	直接人工	制造费用	合　计
月	日					
		月初在产品成本				
		本月生产费用				
		合　计				
		完工产品成本				
		月末在产品成本				

(2) 假定原材料随加工进度逐步投入，月末在产品投料程度为 50%，采用在产品按所耗原材料费用计算法在完工产品和在产品之间分配费用，计算本月完工产品和月末在产品的总成本和单位成本，并登记甲产品成本明细账（见表 7.10）。

表 7.10 **产品成本明细账**

产品名称：甲产品　　　　年　月　　　　元

年		摘　要	直接材料	直接人工	制造费用	合　计
月	日					
		月初在产品成本				
		本月生产费用				
		合　计				
		完工产品成本				
		月末在产品成本				

2. 某公司乙产品经过 2 道工序加工完成。乙产品耗用的原材料在生产开始时一次投入，生产成本在完工产品和在产品之间分配采用约当产量比例法。2014 年 2 月与乙产品有关的资料如下。

(1) 本月完工产成品 2 600 件。月末在产品数量及完工程度为第 1 道工序 1 000 件，本工序在产品完工程度相当于完工产成品的 30%；第 2 道工序 400 件，本工序在产品完工程度相当于完工产成品的 80%。

(2) 产品成本计算单有关资料：月初在产品成本为直接材料 6 000 元，直接人工 7 400 元，制造费用 2 000 元；本月生产成本为直接材料 12 000 元，直接人工 18 360 元，制造费用4 440元。

要求

(1) 编制本月乙产品各工序约当产量计算表（见表 7.11）。

表 7.11　　约当产量计算

工　序	月末在产品数量/件	在产品完工程度	在产品约当产量/件
1			
2			
合　计			

(2) 计算各项费用的分配率、完工产品成本和月末在产品成本。

(3) 编制乙产品完工产品和在产品成本计算表（见表 7.12）。

表 7.12　　完工产品和在产品成本计算

产品名称：乙产品　　　　年　月　　　　元

项　目	直接材料	直接人工	制造费用	合　计
月初在产品成本				
本月生产费用				
生产费用累计				
在产品约当产量				
完工产品产量				
分配率(单位成本)				
完工产品总成本				
月末在产品				

（4）编制完工乙产品入库的会计分录。

3. 某公司生产丙产品，该产品各项消耗定额比较准确、稳定，2013 年 3 月初在产品成本：直接材料 12 000 元，直接人工 10 200 元，制造费用 9 600 元；本月发生生产成本：直接材料 40 000 元，直接人工 15 000 元，制造费用 30 000 元。

本月完工产品 400 件，单件定额：原材料 100 元，工时定额每件产品 8 小时；月末在产品 100 件，单件定额：原材料 100 元，工时定额每件产品 4 小时；直接人工 10 元/小时，制造费用 12 元/小时。

要求：

（1）采用按定额成本法计算在产品成本，分配计算月末在产品成本和完工产品成本，并填入表 7.13，并登记丙产品成本明细账（见表 7.14）。

表 7.13　　产品成本计算单

产品名称：丙产品　　年　　月　　元

成本项目	直接材料	直接人工	制造费用	合　计
月初在产品成本				
本月生产费用				
生产费用合计				
月末在产品定额成本				
本月完工产品成本				

表 7.14　　产品成本明细账

产品名称：丙产品　　年　　月　　元

年		摘　要	直接材料	直接人工	制造费用	合　计
月	日					
		月初在产品成本				
		本月生产费用				
		合　计				
		完工产品成本				
		月末在产品成本				

（2）采用定额比例计算分配完工产品成本和月末在产品成本（原材料按定额费用比例分配，其他费用按定额工时比例分配），并填入表7.15，并登记丙产品成本明细账（见表7.16）。

表7.15　　产品成本计算单

产品名称：丙产品　　年　月　　元

成本项目	直接材料	直接人工	制造费用	合计
月初在产品				
本月生产费用				
生产费用合计				
费用分配率				
完工产品成本				
月末在产品成本				

表7.16　　产品成本明细账

产品名称：丙产品　　年　月　　元

年		摘　要	直接材料	直接人工	制造费用	合　计
月	日					
		月初在产品成本				
		本月生产费用				
		合　计				
		完工产品成本				
		月末在产品成本				

六、简答题

1. 生产费用在完工产品和在产品之间的分配主要有哪些方法？

2. 如何计算在产品的完工程度？

3. 什么是约当产量法？其适用范围是什么？

4. 简述在产品按定额成本计算法的特点和适用范围。

5. 简述定额比例法的特点和适用范围。

模块八

产品成本计算的基本方法

知识要点

一、品种法

- 品种法
  - 品种法的概念
    - 以产品品种归集和分配生产费用
  - 品种法的特点
    - 以产品品种作为成本计算对象
    - 以会计报告期作为成本计算期
    - 完工产品与在产品之间进行分配
  - 品种法的适用范围
    - 大批大量单步骤的生产
    - 大批大量多步骤的生产，管理上不要求分步

二、分步法

- 分步法
  - 分步法的概念
    - 以生产步骤归集和分配生产费用
  - 分步法的特点
    - 以各生产步骤作为成本计算对象
    - 以会计报告期作为成本计算期
    - 完工产品与在产品之间进行分配
  - 分步法的适用范围
    - 大批大量多步骤的生产，管理上要求分步

三、分批法

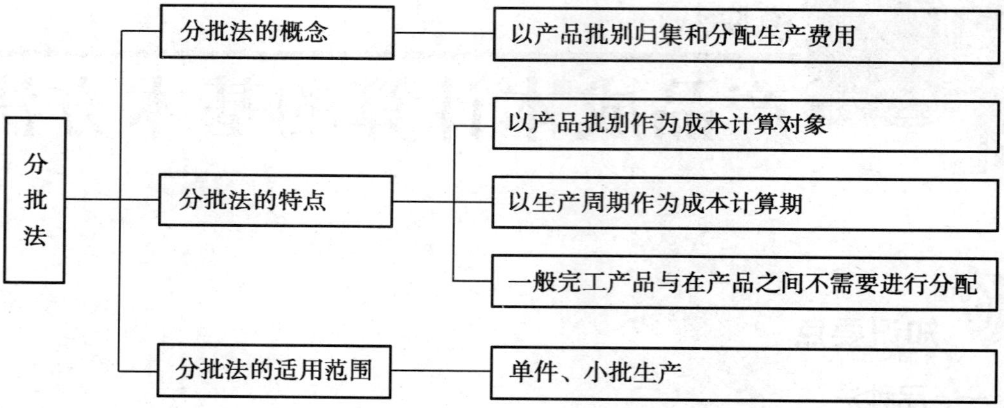

要点点拨

1. 品种法概述

品种法是以产品品种为成本计算对象，并按不同的产品品种开设成本计算单，归集和分配生产费用的一种产品成本计算方法。品种法适用于大量、大批单步骤生产的企业和大量、大批多步骤生产的企业。后者管理上不要求按照生产步骤计算产品成本。

2. 品种法计算程序

品种法的计算程序主要有几个步骤：按产品品种设置成本明细账，归集生产费用；分配辅助生产费用、制造费用；生产费用在完工产品和在产品之间进行分配，并结转完工产品成本。

3. 分步法概述

分步法是指按照产品的生产步骤归集生产费用，计算产品成本的一种方法。它适用于产品由多个步骤生产而成的企业。按照成本结转方式的不同，分步法可分为逐步结转分步法和平行结转分步法。

4. 逐步结转分步法

逐步结转分步法又称计算半成品成本的分步法。它是指按照产品加工的步骤，计算各步骤半成品成本，并随着各步骤半成品实物的转移，将各步骤半成品成本逐步结转至下一步骤，直至最后步骤计算出产成品成本的方法。按照半成品成本的结转方式，逐步结转分步法又可分为综合结转分步法和分项结转分步法。

5. 平行结转分步法

平行结转分步法又称不计算半成品成本的分步法。它是指产品的各生产步骤只归集本步骤发生的生产费用和本步骤生产费用计入最终产成品成本的份额，而后将各步骤计入产成品成本的份额汇总计算产品成本的方法。

6. 分批法概述

分批法又称订单法，是指按照产品的批别来归集生产费用，并计算该批产品成本的一种方法。分批法主要适用于单件、小批生产的企业。

关键名词

品种法　分批法　分步法　逐步结转分步法　分项结转分步法　综合结转分步法　成本还原　平行结转分步法

案例阅读

生产费用和成本核算的程序

生产费用和成本核算的程序如下。

第 1 步，根据产品生产过程特点、生产组织类型，以及管理的需要，分别确定成本计算对象，选用适合的成本核算方法。

第 2 步，按照费用发生地点和成本计算对象，填制、审核各种会计凭证。

第 3 步，设置各种成本和费用明细账。

① 基本生产明细账，按生产地点和成本项目核算基本生产车间发生的生产费用。

② 辅助生产明细账，分车间和成本项目核算辅助生产车间发生的生产费用。

③ 自制半成品明细账，按存放地点和零件分别核算企业在制品和库存自制半成品成本。

④ 制造费用明细账，按车间和明细项目分别核算基本生产及辅助生产车间发生的制造费用。

⑤ 期间费用明细账，按费用明细项目核算企业发生的管理费用、财务费用、销售费用。

第 4 步，按照确定的成本计算对象，设置分产品类别、生产步骤类别、分批订单类别成本二级明细账(或称成本计算单)。

第 5 步，根据归集的全部生产费用和成本核算资料，按成本项目计算各种产品的在产品成本、产成品成本和单位成本。

典型例题解析

一、判断正误

大批、大量多步骤生产的企业都应选择分步法计算产品成本。　（　）

参考答案：×

答案解析：大量、大批多步骤生产的企业，如小型水泥厂、织布厂、铸件熔铸等企业，车间规模较小或是封闭式的，从原材料投入到产品完工都在一个车间进行，或者生产是按流水线组织的，管理上不要求按照生产步骤计算产品成本。这类企业也可以采用品种法计算产品成本。

二、选择题

1. 成本还原是指(　　)进行还原。

A. 直接材料项目　　B. 制造费用项目　　C. 产成品成本

D. 采用逐步结转分步法时，各步骤耗用上步骤的半成品综合成本

参考答案：D

答案解析：成本还原是将产品成本中的半成品成本，按照一定的标准逐步分解还原为按原始成本项目结构反映的成本。还原标准通常是本月上步骤各完工半成品成本。

2. 分批法适用于(　　　)的企业。

A. 小批生产　　B. 大批、大量生产　　C. 单件生产　　D. 多步骤生产

参考答案：AC

答案解析：分批法是按照产品的批别来归集生产费用，并计算该批产品成本的一种方法，主要适用于单件、小批生产的企业。

练习题

一、单项选择题

1. 在大量、大批且为单步骤生产的情况下，产品成本的计算方法一般是(　　)。

A. 分步法　　B. 分批法　　C. 分类法　　D. 品种法

2. 采用品种法计算成本的企业应该(　　)。

A. 按月计算产品成本　　B. 无须定期计算产品成本

C. 按季计算产品成本　　D. 随时计算产品成本

3. 下列企业中，适用于品种法计算产品成本的是(　　)。

A. 发电厂　　B. 纺织厂　　C. 机械厂　　D. 船舶厂

4. 大量、大批多步骤生产，管理上不要求按照生产步骤计算产品成本，应采用的成本计算方法是(　　)。

A. 品种法　　B. 分批法　　C. 分步法　　D. 分类法

5. 区分各种成本计算基本方法的主要标志是(　　)。

A. 成本计算对象　　B. 成本计算期

C. 完工产品与在产品之间分配的方法　　D. 辅助生产成本和制造费用分配的方法

6. 分步法适用于(　　)。

A. 单步骤生产　　B. 大量、大批生产

C. 单件、小批生产　　D. 大量、大批多步骤生产

7. 在下列成本计算方法中，适用于大量、大批多步骤生产，且需要计算半产品成本的是(　　)。

A. 平行结转分步法　　B. 逐步结转分步法
C. 品种法　　D. 分类法

8. 在平行结转分步法下，完工产品与在产品之间的分配是指(　　)。
A. 最终产成品与广义在产品　　B. 最终产成品与狭义在产品
C. 半成品与广义在产品　　D. 半成品与狭义在产品

9. 在平行结转分步法下，每一生产步骤完工产品的费用是(　　)。
A. 该步骤完工半成品的成本
B. 该步骤完工产成品的成本
C. 该步骤生产费用计入最终产成品的成本
D. 该步骤生产费用中在产品的成本

10. 下列各种产品成本计算方法中，适用于单件、小批生产的是(　　)。
A. 品种法　　B. 逐步结转分步法　　C. 分批法　　D. 平行结转分步法

二、多项选择题

1. 产品成本计算的基本方法有(　　　)。
A. 品种法　　B. 分步法　　C. 分批法　　D. 分类法

2. 在产品成本计算中，成本计算对象有(　　　)。
A. 产品品种　　B. 产品生产步骤　　C. 产品批别　　D. 产品类型

3. 品种法适用于(　　　)。
A. 大量、大批单步骤生产
B. 大量、大批多步骤生产
C. 大量、大批多步骤生产，管理上不要求按照生产步骤计算成本
D. 单件、小批生产

4. 产品成本计算的品种法的特点有(　　　)。
A. 以产品品种为成本计算对象　　B. 以会计报告期为成本计算期
C. 以产品类别为成本计算对象　　D. 以产品生产周期为成本计算期

5. 按照成本结转的方式划分，成本核算的分步法可以分为(　　　)。
A. 逐步结转分步法　　B. 平行结转分步法
C. 综合结转分步法　　D. 分项结转分步法

6. 逐步结转分步法的优点有(　　　)。
A. 能提供各个步骤的半成品资料
B. 能全面反映各个步骤产品的生产耗费水平
C. 能直接提供按原始成本项目反映的产成品成本资料
D. 能为各生产步骤在产品的实物管理和资金管理提供资料

7. 需要进行成本还原的成本计算方法有(　　　)。
A. 按实际成本综合结转分步法　　B. 分项结转分步法
C. 按计划成本综合结转分步法　　D. 平行结转分步法

8. 在平行结转分步法下，只需要计算(　　　)。
A. 各步骤半成品的成本

B. 本步骤发生的各项费用

C. 本步骤发生的费用应计入产品成本中的份额

D. 各步骤耗用上一步骤的半成品成本

9. 简化分批法的应用条件是（　　）。

A. 各月间接费用水平相差不多　B. 各月间接费用水平相差较多

C. 投产批次较多　D. 投产批次较少

10. 分批法成本计算的特点有（　　）。

A. 成本计算对象是产品的批别　B. 成本计算期与生产周期一致

C. 成本计算期与会计报告期一致　D. 一般不存在完工产品与在产品之间的分配

三、判断题

1. 采用各种成本计算方法计算产品成本，各月末都要在完工产品与月末在产品之间分配费用。（　）

2. 根据企业生产经营特点和管理要求，单步骤、大量生产的产品一般采用品种法计算产品成本。（　）

3. 大量、大批多步骤生产的企业，管理上不要求按照生产步骤计算产品成本，也可以采用品种法计算产品成本。（　）

4. 采用逐步结转分步法计算产品成本时，各步骤的费用由本步骤发生的费用和上一步骤转入的半成品成本两部分组成。（　）

5. 分项结转分步法能够在产品成本明细账中反映本月领用的半成品成本和本步骤发生的加工费用。（　）

6. 在逐步结转分步法下，不论是综合结转法还是分项结转法，都需要进行成本还原。（　）

7. 采用平行结转分步法计算产品成本时，上一步骤的生产费用不进入下一步骤的成本计算单。（　）

8. 分步法是按产品的生产步骤归集生产费用，计算产品成本的一种方法。（　）

9. 分批法计算产品成本，在单件生产的情况下，不必将生产费用在完工产品与在产品之间进行分配。（　）

10. 分步法按汇集产成品成本的方法不同和半成品成本是否按成本项目结转，分为逐步结转分步法和平行结转分步法。（　）

四、实训题

实训 1

目的

练习产品成本计算的品种法。

资料

川东公司为单步骤大量生产的企业，生产甲、乙两种产品，设有一个基本生产车间和供电、锅炉两个辅助生产车间。

1. 2014 年 5 月有关成本核算资料如下。

（1）产量资料如表 8.1 所示。

表 8.1

产量资料

件

产品名称	月初在产品	本月投产	本月完工产品	月末在产品
甲产品	150	1 050	800	400
乙产品	100	600	500	200

甲、乙两种产品实际生产工时分别为 47 000 小时和 23 000 小时，月末在产品完工程度均为 50%。

（2）月初在产品成本资料如表 8.2 所示。

表 8.2

产品成本资料

元

产品名称	直接材料费用	直接人工费用	制造费用	合　计
甲产品	20 000	14 000	8 000	42 000
乙产品	120 00	8 000	4 000	24 000

（3）辅助生产车间劳务数量资料如表 8.3 所示。

表 8.3

辅助生产车间劳务资料

供应部门	耗用部门					
	基本生产车间产品耗用	基本生产车间一般耗用	企业管理部门耗用	供电车间耗用	锅炉车间耗用	合　计
供电车间/度	200 000	10 000	60 000		30 000	300 000
锅炉车间/m^2		10 000	2 500	1 000		13 500

2. 本月发生费用如下。

（1）本月发出材料汇总如表 8.4 所示。

表 8.4

发出材料汇总

名称：原材料　　2014 年 05 月　　元

耗用部门	直接耗用	共同耗用	合　计
产品生产耗用	280 000	56 000	336 000
其中：甲产品	200 000		200 000
乙产品	80 000		80 000
生产车间一般耗用	5 000		5 000
供电车间耗用	60 000		60 000
锅炉车间耗用	13 000		13 000
企业管理部门耗用	6 000		6 000
合　计	364 000	56 000	420 000

（2）本月工资及福利费汇总如表 8.5 所示。

表 8.5

工资及福利费汇总

2014 年 05 月

元

人员类别	应付工资额	计提福利费	合　计
产品生产工人	280 000	39 200	319 200
供电车间人员	12 000	1 680	13 680
锅炉车间人员	14 000	1 960	15 960
生产车间技术工人	8 000	1 120	9 120
企业管理部门人员	30 000	4 200	34 200
合　计	344 000	48 160	392 160

（3）本月应提折旧费 50 000 元，其中基本生产车间 30 000 元，供电车间 6 200 元，锅炉车间 4 800 元，企业管理部门 9 000 元。

（4）本月发生修理费用 2 800 元，其中供电车间 1 000 元，锅炉车间 1 000 元，企业管理部门 800 元。

（5）本月以现金支付办公费用 7 000 元，其中基本生产车间 3 000 元，供电车间 1 200 元，锅炉车间 800 元，企业管理部门 2 000 元。

（6）本月以银行存款支付水电费 60 000 元，其中基本生产车间 2 200 元，供电车间 32 000元，锅炉车间 24 000 元，企业管理部门 1 800 元。

要求

（1）开设甲、乙产品生产成本明细账，开设供电、锅炉车间生产成本明细账，开设制造费用、管理费用明细账。

（2）根据有关资料进行费用分配和成本计算，编制记账凭证并记入有关账户。具体要求如下。

① 分配材料费用和人工费用，其中材料费用按甲、乙产品直接耗用的原材料比例分配，人工费用按甲、乙产品的实际生产工时比例分配，并分别编制记账凭证。

② 编制计提折旧的记账凭证，并记入有关账户。

③ 编制本月修理费用分配表，编制以现金、银行存款支付其他费用的记账凭证。

④ 编制辅助生产费用分配表（采用直接分配法），编制产品生产用电分配表（按生产工时分配）。根据分配数，编制记账凭证，并登记辅助生产成本明细账。

⑤ 编制制造费用分配表（按生产工时分配）和记账凭证，并登记制造费用明细账。

⑥ 采用约当产量法分别分配甲、乙产品的生产费用（原材料一次投入），同时结转本月完工的甲、乙产品成本，编制记账凭证，并登记有关账户（费用分配率保留 4 位小数）。

实训 2

目的

练习产品成本计算的分批法。

资料

某企业属单件、小批多步骤生产的企业，按购货单位要求小批生产甲、乙、丙 3 种产品，产品成本计算采用分批法。该企业 7 月份的有关成本计算资料如下。

1. 各生产批别产量、费用资料。

(1) 901 号甲产品 50 件，5 月份投产，本月全部完工，5、6 两个月累计费用为直接材料 4 000 元、直接人工 1 000 元、制造费用 1 200 元。本月发生费用为直接人工 400 元，制造费用 500 元。

(2) 902 号乙产品 100 件，6 月份投产，本月完工 60 件，未完工 40 件。6 月份发生生产费用为直接材料 60 000 元，直接人工 15 000 元，制造费用 13 000 元。本月发生费用为直接人工 7 000 元，制造费用 6 000 元。

(3) 903 号丙产品 7 件，本月份投产，尚未完工。本月发生生产费用为直接材料 20 000 元，工资福利费 5 600 元，制造费用 4 800 元。

2. 其他资料。

(1) 3 种产品的原材料均在生产开始时一次投入。

(2) 902 号乙产品本月完工产品数量在批内所占比重较大(60%)，根据生产费用发生情况，除原材料费用按照完工产品和在产品的实际数量比例分配外，其他费用采用约当产量比例法在完工产品和月末在产品之间进行分配，在产品完工程度为 50%。

要求

根据上述资料，采用分批法登记产品成本明细账，计算各批产品的完工成本和月末在产品成本。

实训 3

目的

练习综合结转法分步法的计算。

资料

某企业大量生产 A 产品，依次经过 3 个车间生产完成，第二车间在第一车间生产的甲半成品的基础上生产出乙半成品，第三车间将乙半成品加工成产成品。采用逐步结转分步法计算成本，半成品成本按综合成本结转。半成品在各个生产步骤之间直接结转，直接材料在第一车间一次投入。各生产步骤采用约当产量比例法在完工半成品与期末在产品之间分配成本。9 月份的有关成本计算资料如表 8.6、表 8.7 所示。

表 8.6 产量资料 件

项　目	第一车间	第二车间	第三车间
月初在产品	70	90	30
本月投产	180	150	200
本月完工	150	200	180
月末在产品	100	40	50

表 8.7 成本资料 元

项　目	直接材料（第二、三车间为自制半成品）	直接人工	制造费用	合　计
1. 月初资料				
第一车间	350	140	60	550
第二车间	660	180	160	1 000
第三车间	710	120	50	880
2. 本月发生				
第一车间	900	400	300	1 600
第二车间	700	500	1 200	
第三车间	300	160	460	

各车间在产品完工率分别为 30%、50%、60%。

要求

按半成品实际成本综合结转分步法计算 A 产品成本。

实训 4

目的

练习成本还原的计算。

资料

某企业生产甲产品，分 3 个步骤进行生产。成本计算采用逐步结转分步法，上一车间向下一车间结转成本时采用综合结转法。5 月份各步骤成本计算资料如下。

第 1 步骤成本计算单如表 8.8 所示。

表 8.8　　成本计算单　　元

项　目	直接材料	直接人工	制造费用	合　计
月初在产品	25 000	6 250	5 000	36 250
本月发生费用	275 000	131 250	105 000	511 250
完工半成品成本	250 000	125 000	100 000	475 000
月末在产品成本	50 000	12 500	10 000	72 500

第 2 步骤成本计算单如表 8.9 所示。

表 8.9　　成本计算单　　元

项　目	半成品	直接人工	制造费用	合　计
月初在产品	95 000	20 000	15 000	130 000
本月费用	475 000	200 000	150 000	825 000
完工半成品成本	475 000	200 000	150 000	825 000
月末在产品成本	95 000	20 000	15 000	130 000

第 3 步骤成本计算单如表 8.10 所示。

表 8.10　　成本计算单　　元

项　目	半成品	直接人工	制造费用	合　计
月初在产品	330 000	40 000	30 000	400 000
本月费用	825 000	210 000	157 500	1 192 500
完工甲产品成本	907 500	220 000	165 000	1 292 500
月末在产品成本	247 500	30 000	22 500	300 000

要求

对甲产品进行成本还原，计算按原始项目反映的产品成本。

实训 5

目的

练习分项结转法的计算。

资料

某企业第二车间 2014 年 8 月有关成本计算资料如下。

1. 产量及完工程度资料如表 8.11 所示。

表 8.11 **产量及完工程度资料**

项 目	数量/件		完工程度	
	合格品	废 品	合格品	废 品
月初在产品	100	—	50%	—
本月投产	260	—	—	—
本月完工	300	10	100%	100%
月末在产品	50	—	40%	—

原材料在开工时一次全投，废品残值为 140 元。

2. 费用资料如表 8.12 所示。

表 8.12 **费用资料** 元

摘 要	直接材料	直接人工	制造费用	废 品	合 计
月初在产品成本	1 800	700	900	—	3 400
本月本车间发生费用	780	1 680	2 240	—	4 700
上车间转入费用	3 900	1 040	1 300	300	6 540

要求

根据上述资料，试编制第二车间的成本计算单，计算甲产品成本。

实训 6

目的

练习平行结转分步法的计算。

资料

某企业大量、大批生产甲产品，分 3 个步骤分别由 3 个基本生产车间进行生产。第一车间生产 A 半成品，第二车间将 A 半成品加工成 B 半成品，第三车间将 B 半成品加工成甲产品。每件甲产品耗用各步骤狭义半成品均为 1 件。原材料在生产开始时一次投入，月末各步骤狭义在产品完工程度均为 60%。该企业某年 10 月份有关产量和成本资料如下。

1. 甲产品产量记录如表 8.13 所示。

表 8.13　　**甲产品产量记录**　　件

项　目	第一车间	第二车间	第三车间
月初在产品	78	26	42
本月投入	382	420	412
本月完工	420	412	426
月末在产品	40	34	38

2. 月初在产品成本资料如表 8.14 所示。

表 8.14　　**在产品成本资料**　　元

项　目	直接材料	直接人工	制造费用	合　计
第一车间	1 380	296	453	2 129
第二车间		320	226	546
第三车间		196	152	348

3. 本月生产费用资料如表 8.15 所示。

表 8.15　　**生产费用资料**　　元

项　目	直接材料	直接人工	制造费用	合　计
第一车间	3 820	932	1 390	6 142
第二车间		5 960	4 890	10 850
第三车间		3 540	3 100	6 640

要求

根据以上资料，采用平行结转分步法计算产品成本。

五、简答题

1. 什么叫品种法？品种法的适用范围是什么？

2. 简述品种法的成本计算程序。

3. 简述逐步结转分步法的优缺点和适用范围。

4. 平行结转分步法有哪些特点？

5. 什么是分批法？分批法有何特点？

模块九 产品成本计算的辅助方法

知识要点

一、分类法

- 分类法
  - 分类法的概念
    - 以产品类别归集和分配生产费用
  - 分类法的特点
    - 以产品类别作为成本计算对象
    - 类完工产品成本分给类内各品种的产品
  - 分类法的适用范围
    - 产品品种、规格、型号繁多

二、定额法

- 定额法
  - 定额法的概念
    - 以产品定额成本计算
  - 定额法的特点
    - 预先制定料、工、费定额
    - 提示发生料、工、费差异
    - 定额成本加减差异计算实际成本
  - 定额法的适用范围
    - 定额管理制度健全，定额管理基础好

要点点拨

1. 分类法概述

分类法是指以产品的类别为产品成本计算对象归集生产费用、计算产品成本的一种方法。分类法主要适用于产品品种、规格、型号繁多，难以按产品品种计算成本，但可以按产品的性能、结构、用途或工艺过程的类似性将其划分为若干类别的生产企业。

2. 分类法计算程序

分类法的计算程序：将产品按照一定的标准划分为若干个类别，按照产品类别开设产品成本明细账，归集生产费用；月末，将各类产品成本明细账归集的生产费用进行汇总，并采用适当的分配方法计算各类产品的完工产品成本和月末在产品成本；对每类完工产品成本，选择适当的分配标准，在类内各种产品之间进行分配，计算出各种产品的总成本和单位成本。

3. 联产品、副产品

联产品是指企业使用同样的原材料进行加工，同时生产出两种或两种以上具有不同使用价值的主要产品。由于联产品是使用同样的原材料、在同一个过程中加工出来的产品，因而可以将全部联产品视作一类产品，作为成本计算对象，归集生产费用，采用分类法计算成本。

副产品是指企业在生产主要产品的生产过程中附带生产出的一些非主要产品，为了简化成本计算工作，副产品成本的计算可以采用分类法，将主产品和副产品合并为一类，作为一个成本计算对象，归集主产品和副产品的总成本，再采用一定的方法计算确定副产品成本，然后从主副产品的总成本中减去副产品成本，余额就是主产品的成本。

4. 定额法概述

定额法是指以事先制定的产品定额成本为基础，加上（或减去）各种差异，以计算产品实际成本的一种方法。定额法是为了加强成本管理和控制而采用的一种成本计算与管理相结合的方法，主要适用于定额管理制度比较健全、定额管理工作基础比较好、产品生产已经定型、各项消耗定额都比较准确和稳定的企业。

5. 定额法计算程序

定额法的计算程序：产品定额成本的计算；脱离定额差异的计算，脱离定额的差异计算可分为直接材料脱离定额差异、直接人工脱离定额差异和制造费用脱离定额差异；定额变动差异的计算。

关键名词

分类法　联产品　副产品　定额法　脱离定额差异　定额变动差异

案例阅读

定额管理

企业对各种原材料、工具、燃料动力的消耗，以及劳动工时、设备利用、物资储备、定额流动资金占用、费用开支等，都要制定先进、合理的定额，并定期进行检查、分析、考核和修订。

各项定额的制定，是一项复杂细致的工作，需要在统一领导下，由各职能部门密切配合进行。在定额制定过程中应遵循以下原则。

① 要考虑企业生产发展、经营管理水平提高的要求，同时兼顾企业目前的生产能力和管理现状，使定额既先进又可行。

② 要保持定额相对稳定，以利于调动职工积极性，使分析和考核建立在可比基础上。但随着企业生产技术进步和管理水平的提高，对已不适应的定额应适时地进行补充和修订。

③ 要注意各种定额之间的内在联系，防止相互脱节、彼此矛盾的情况出现。

④ 要采取相应的组织措施，定期检查分析，保证定额的贯彻执行。

典型例题解析

一、判断正误

定额变动差异是指在生产产品过程中，各项生产费用的实际发生额与现行定额的差额。（　）

参考答案：×

答案解析：定额变动差异是指企业由于生产技术改进、产品所用材料变化或劳动生产率提高等原因修订了消耗定额或计划价格而产生的新旧定额之间的差额。在生产产品过程中，各项生产费用的实际发生额与现行定额的差额是脱离定额差异。

二、选择题

1. 采用分类法的目的在于（　　）。

A. 分类计算产品成本　　B. 简化各类产品成本的计算工作

C. 简化各种产品成本的计算工作　　D. 准确计算各种产品的成本

参考答案：C

答案解析：如果产品品种、规格、型号繁多，按照产品的品种、规格归集生产费用、计算产品成本，则成本计算工作会极为繁重。因此，将不同品种、规格的产品按照一定标准分类后归集生产费用，再采用适当方法计算各种产品生产成本，这样各种产品成本计算工作就可大大简化。

2. 下列哪些成本计算方法不是成本计算的基本方法？（　　　）。

A. 品种法　　B. 定额法　　C. 分类法　　D. 分步法

参考答案：BC

答案解析：定额法和分类法属于成本计算的辅助方法。

练习题

一、单项选择题

1. 在产品品种、规格繁多的企业，为了简化成本计算工作，成本计算可采用的方法是（　　）。

A. 品种法　　B. 分类法　　C. 分步法　　D. 分批法

2. 下列适合采用分类法计算产品成本的企业是（　　）。

A. 制鞋厂　　B. 小型水泥厂　　C. 造纸厂　　D. 发电厂

3. 下列属于分类法优点的是（　　）。

A. 能简化成本计算工作　　B. 能提高成本计算准确性

C. 能加强成本控制　　D. 能分品种掌握成本情况

4. 直接材料的定额费用和脱离定额的差异是按照（　　）计算的。

A. 实际成本　　B. 计划成本　　C. 加权平均成本　　D. 可变现净值

5. 在同一生产过程中，使用同种原料，在生产主要产品的同一生产过程中附带生产出来的非主要产品是（　　）。

A. 联产品　　B. 副产品　　C. 等级品　　D. 残次品

6. 分类法的基本生产明细账是按（　　）设置。

A. 产品品种　　B. 产品批别　　C. 生产步骤　　D. 产品类别

7. 下列有关副产品的表述正确的是（　　）。

A. 指使用同种原料，经过同一生产过程同时加工出来的两种或两种以上的主要产品

B. 在分配生产成本时，通常先确定副产品的生产成本，然后确定主产品的生产成本

C. 在分配生产成本时，通常先确定主产品的生产成本，然后确定副产品的生产成本

D. 在分配生产成本时，通常可以采用售价法或实物数量法

8. 定额法适用于（　　）。

A. 单步骤生产的企业

B. 多步骤生产的企业

C. 定额管理基础较好，各项消耗定额比较准确、稳定的企业

D. 产品可按一定标准划分为若干类别的企业

9. 定额法的主要缺点是（　　）。

A. 不利于加强成本控制　　B. 不利于进行成本分析

C. 不利于提高成本管理水平　　D. 不利于减少成本计算工作量

10. 由于修改定额而产生的新旧定额之间的差额称为（　　）。

A. 定额差异　　B. 脱离定额差异　　C. 定额变动差异　　D. 材料成本差异

11. 定额成本制度下，材料脱离定额差异是指（　　）。

A. 因材料的新定额成本与老定额成本的不同而产生的差异

B. 因材料的实际成本与定额成本的不同而产生的差异

C. 因材料的实际价格与计划价格的不同而产生的差异

D. 因材料的实际消耗量与定额消耗量的不同而产生的差异

12. 采用定额法计算产品成本时，如果差异金额较大且各月在产品数量变动也较大的，差异应在完工产品与在产品之间按（　　）分配。

A. 定额成本的比例　　B. 定额差异的比例

C. 脱离定额差异的比例　　D. 材料成本差异的比例

二、多项选择题

1. 产品成本计算的辅助方法有（　　　）。

A. 分步法　　B. 分类法　　C. 分批法　　D. 定额法

2. 采用分类法计算产品成本的企业，应按(　　　　)将产品划分为若干类别。

A. 生产类型　　B. 产品结构　　C. 所耗材料　　D. 工艺过程

3. 计算类内各种产品的成本，可采用的分配标准有(　　　　)。

A. 定额消耗量　　B. 定额费用　　C. 定额工时　　D. 产品规格

4. 分类法的特点是(　　　　)。

A. 按产品品种归集费用，计算成本

B. 按产品类别归集费用，计算成本

C. 同类产品内不同品种的产品成本按比例分配确定

D. 同类产品内不同品种的产品成本采用一定的分配方法分配确定

5. 分类法的成本计算程序是(　　　　)。

A. 在同类产品中选择产量大、生产稳定或规格折中的产品作为标准产品

B. 把标准产品的分配标准系数确定为1

C. 以其他产品的单位分配标准数据与标准产品相比，求出其他产品的系数

D. 用各种产品的实际产量乘上系数，计算出总系数

6. 应该采用分类法计算成本的产品有(　　　　)。

A. 联产品　　B. 副产品　　C. 等级品　　D. 不同规格产品

7. 直接材料定额差异等于(　　　　)。

A. 原材料计划价格费用与原材料定额费用的差

B. 原材料实际价格费用与原材料定额费用的差

C. 原材料计划消耗量减去定额消耗量再乘以材料计划价格的积

D. 原材料实际消耗量减去定额消耗量再乘以材料计划价格的积

8. 在定额法下，计算产品应分配的材料成本差异时，需要的指标有(　　　　)。

A. 直接材料定额费用　　B. 直接材料的计划费用

C. 材料脱离定额的差异　　D. 材料成本差异率

9. 定额法的主要优点有(　　　　)。

A. 有利于加强成本控制，便于成本定期分析

B. 有利于提高成本的定额管理和计划管理水平

C. 能较为合理、简便地解决完工产品和月末在产品之间费用分配问题

D. 较其他成本计算方法核算工作量小

10. 定额法与(　　　　)结合使用时，成本计算期与会计报告期相一致。

A. 品种法　　B. 逐步结转分步法　　C. 分批法　　D. 平行结转分步法

11. 在各种类型生产企业都可以采用的成本计算方法有(　　　　)。

A. 品种法　　B. 分步法　　C. 定额法　　D. 分类法

12. 联产品分离前的联合成本，在各种联产品之间进行分配的方法包括(　　　　)。

A. 计划产量分配法　　B. 系数分配法

C. 实物量分配法　　D. 销售价格分配法

三、判断题

1. 分类法与产品生产的类型有直接联系。　　(　　)

2. 在分类法下，进行产品分类时，类距的确定越小越好。（　）

3. 分类法是以产品类别为成本计算对象，归集生产费用，计算产品成本的方法。（　）

4. 采用分类法计算产品成本，对类内产品成本的分配，各成本项目可采用相同的分配标准，也可采用不同的分配标准。（　）

5. 企业在生产主要产品的过程中附带生产出的非主要产品称为联产品。（　）

6. 副产品成本从总成本中扣除时，一般从总成本的"直接材料"成本项目中扣除。（　）

7. 定额法是为了加强成本管理，进行成本控制而采用的一种成本计算与成本管理相结合的方法。（　）

8. 定额成本与计划成本的不同之处在于定额成本一般不变，而计划成本在计划期内可以经常改变。（　）

9. 定额法的适用范围与企业生产类型没有直接关系。（　）

10. 产品的实际成本是由定额成本、脱离定额差异和定额变动差异 3 个因素组成的。（　）

11. 分类法适用于产品品种、规格较多，并可按一定标准进行分类的企业的成本计算，也是成本计算的一种基本方法。（　）

12. 对于同一种产品只能采用一种成本计算方法。（　）

四、实训题

实训 1

目的

练习产品成本计算的分类法。

资料

某工厂生产 A、B、C 三种产品，属于甲类产品。类内各种产品费用分配标准为选择 A 产品为标准产品，直接材料费用系数按原材料定额费用比例确定，其他加工费用的系数按单位产品定额工时消耗比例确定。本月甲类完工产品成本为直接材料 98 280 元、直接人工 47 736元、制造费用 55 080 元，合计 201 096 元。

要求

(1) 计算甲类产品内各种产品直接材料费用系数、直接材料费用总系数和产品定额工时，完成甲类产品直接材料费用系数和定额工时计算表（见表 9.1）。

表 9.1　甲类产品直接材料费用系数和定额工时计算　元

产品品种	实际产量/件	单位产品直接材料费用定额	直接材料费用系数	直接材料费用总系数	单位产品工时消耗定额/小时	定额工时/小时
A产品	240	30				
B产品	360	15				
C产品	180	21				
合　计	—	—				

（2）计算甲类产品内各种产品的成本，完成甲类产品成本计算表（见表9.2）。

表9.2

甲类产品成本计算

元

项　目	直接材料费用总系数	定额工时/小时	产品成本项目			完工产品总成本
			直接材料	直接人工	制造费用	
分配率						
A产品						
B产品						
C产品						
合　计						

（3）编制本月完工产品验收入库的会计分录。

实训2

目的

练习副产品成本的计算。

资料

某工业企业A产品为主产品，B产品为副产品。5月份在生产A产品的过程中，附带生产出可以用来制造B产品的原材料10 000千克，该原材料需进一步加工处理才能成为B产品对外销售，且当月全部被生产B产品所耗用。A、B产品在同一个车间内进行生产，发生的生产费用中，直接材料直接计入主、副产品的成本，加工费用按生产工时比例在A、B产品之间分配。B产品的原材料按每千克2元计价，从A产品成本的"直接材料"成本项目中扣除。A、B产品月初、月末在产品均按直接材料定额费用计价。

要求

(1) 按生产工时比例分配A、B产品的加工费用并填列加工费用分配表（见表9.3）。

表9.3　**A、B产品加工费用分配**　元

项　目	生产工时/小时	直接人工	制造费用
本月生产费用	2 000	60 000	30 000
加工费用分配率			
A产品	1 500		
B产品	500		
合　计	2 000		

(3) 分别计算A、B产品成本并登记A、B产品成本明细账（见表9.4、表9.5）。

表9.4　**产品成本明细账**

产品名称：A产品（主产品）　××年05月　完工产量：50 000千克　元

项　目	直接材料	直接人工	制造费用	合　计
月初在产品定额成本	90 000			
本月生产费用	120 000			
减：副产品B产品 原材料费用				
生产费用合计				
本月完工产品成本				
本月完工产品单位成本				
月末在产品定额成本	60 000		90 000	60 000

表 9.5

产品成本明细账

产品名称：B产品（副产品）　　××年05月　　完工产量：10 000千克　　元

项　目	直接材料	直接人工	制造费用	合　计
月初在产品定额成本	10 000			10 000
本月生产费用				
生产费用合计				
本月完工产品成本				
本月完工产品单位成本				
月末在产品定额成本	5 000			5 000

实训 3

目的

练习产品定额成本的计算。

资料

某工业企业生产甲产品，该产品由2个C零件和3个D零件组成。C零件需耗用A材料，每个C零件耗用A材料1.2千克，每千克材料计划单价为20元；D零件耗用B材料，每个D零件耗用B材料1.8千克，每千克材料计划单价为10元。

C、D零件的加工工序和每道工序工时定额如表9.6所示。

表 9.6

每道工序工时定额

项　目	工　序	工时定额/小时
C零件	1	2
	2	3
	3	1.5
	4	3.5
D零件	1	3
	2	4
	3	3
	4	6

计划每小时工资率为 2.3 元，每小时制造费用分配率为 1.2 元。

要求

计算甲产品的定额成本。

实训 4

目的

练习直接材料脱离定额差异的计算。

资料

某工业企业生产甲产品，限额领料单规定的产品数量为 2 000 件，每件产品的直接材料消耗定额为 6 千克，领料限额为 12 000 千克，本月领料 11 500 千克。该车间期初结存材料 500 千克，期末结存材料 1 000 千克，每千克材料计划单价为 5 元。

要求

计算甲产品直接材料脱离定额差异。

实训 5

目的

练习材料成本差异的计算。

资料

某工业企业生产甲产品，所耗原材料定额成本为 60 000 元，材料脱离定额差异为节约 5 000元，本月材料成本差异率为－2%。

要求

计算甲产品应分配的材料成本差异。

实训 6

目的

练习定额变动差异的计算。

资料

某工业企业用于生产乙产品的C零件从本月1日起实行新的材料消耗定额，每件产品旧的材料消耗定额为60元，新的材料消耗定额为54元。该产品月初在产品按旧定额计算的材料定额成本为30 000元。

要求

计算乙产品月初在产品定额变动差异。

实训 7

目的

练习实际成本的计算。

资料

某工业企业甲产品采用定额法计算产品成本。月初在产品定额费用为2 900元，月初在产品脱离定额的差异为40元，月初在产品定额费用调整为降低100元，定额变动差异全部由完工产品负担。

本月定额费用为11 200元，本月脱离定额的差异为800元，本月原材料成本差异率为节约1%，材料成本差异全部由完工产品负担，本月完工产品的定额费用为12 000元。

要求

(1) 计算月末在产品原材料定额费用。

(2) 分配原材料脱离定额差异。

(3) 计算本月原材料费用应分配的材料成本差异。

(4) 计算本月完工产品和月末在产品成本应负担的原材料实际费用。

实训 8

目的

练习产品成本计算的定额法。

资料

某工厂大量生产甲产品，该产品各种消耗定额较为准确和稳定，采用定额法计算成本，有关资料如下。

① 月初在产品 100 件，本月投产 500 件，本月完工 400 件。

② 甲产品单位定额成本资料如表 9.7 所示。

表 9.7　　甲产品单位定额成本资料

项　目	直接材料	直接人工	制造费用	合　计
消耗量	100 千克	200 小时	400 小时	
原材料计划单价或计划每小时直接人工费用、制造费用/元	9	0.8	0.5	
单位产品定额成本/元	900	160	200	1 260

③ 甲产品月初在产品成本及本月实际生产费用如表 9.8 所示。

表 9.8　　甲产品生产费用　　元

项　目	直接材料	直接人工	制造费用	合　计
月初在产品定额成本	91 000	16 000	20 000	127 000
脱离定额差异	4 000	200	200	4 400
本月生产费用	473 050	83 320	102 330	658 700

④ 月初，甲产品直接材料费用定额由上月的 910 元降为 900 元。

要求

(1) 计算甲产品月初在产品定额变动差异。

(2) 计算本月直接材料定额成本、直接人工定额成本和制造费用定额成本。

(3) 计算本月直接材料脱离定额差异、直接人工脱离定额差异和制造费用脱离定额差异。

(4) 计算本月完工产品直接材料定额成本、直接人工定额成本和制造费用定额成本。

(5) 计算并登记甲产品成本明细账(见表 9.9)。

表 9.9　　产品成本明细账

产品名称:甲产品　　完工产量:400 件　　元

项　目		直接材料	直接人工	制造费用	合　计
月初在产品成本	定额成本				
	脱离定额差异				
月初在产品定额变动	定额成本调整				
	定额变动差异				
本月生产费用	定额成本				
	脱离定额差异				
生产费用累计	定额成本				
	脱离定额差异				
	材料成本差异				
	定额变动差异				
差异率	脱离定额差异				

（续表）

项　目		直接材料	直接人工	制造费用	合　计
本月完工产品成本	定额成本				
	脱离定额差异				
	定额变动差异				
	实际成本				
月末在产品成本	定额成本				
	脱离定额差异				

五、简答题

1. 什么是分类法？它的特点是什么？

2. 简述分类法的成本计算程序。

3. 什么是联产品？什么是副产品？

4. 产品的定额成本如何计算？

5. 什么是定额变动差异？它与脱离定额差异有何不同？

模块十

成本报表的编制与分析

知识要点

一、成本报表概述

- 成本报表
  - 成本报表的含义
    - 根据日常资料，反映成本及变动情况
  - 成本报表的种类
    - 反映产品成本
      - 全部商品产品成本表
      - 主要产品单位成本表
    - 反映费用支出
      - 制造费用明细表
      - 管理费用明细表
      - 销售费用明细表
      - 财务费用明细表

二、成本报表的编制要求

- 成本报表的编制要求
  - 数字准确
  - 内容完整
  - 编报及时

三、成本报表的分析方法

- 成本报表的分析方法
  - 比较分析法
  - 比率分析法
  - 因素分析法
    - 连环替代法
    - 差额计算法

要点点拨

1. 成本报表的含义

成本报表是根据日常成本核算资料及其他有关资料定期或不定期编制，用以反映企业产品成本水平、构成及升降变动情况，考核和分析企业在一定时期内成本计划执行情况及结果的报告文件。成本报表是企业内部报表中的主要报表，其具体种类、格式由企业自行规定。

2. 成本报表的作用

成本报表的作用主要如下。①提供企业在一定时期内的产品成本水平及费用支出情况。②可据以分析成本计划或预算的执行情况、考核成本计划的完成情况，并查明产品成本升降的原因等。③本期成本报表的资料是编制下期成本计划的重要参考依据。④企业主管部门把所属非独立核算单位的成本资料和其他报表资料等结合起来运用，可以有针对性地对其进行指导和监督。

3. 成本报表的种类

成本报表按反映的经济内容分为反映产品成本情况的报表和反映各种费用支出的报表。前者主要有全部商品产品成本表和主要产品单位成本表；后者主要有制造费用明细表、管理费用明细表、销售费用明细表和财务费用明细表。

成本报表按报表编制的时间分为年度报表、半年度报表、季度报表、月报及旬报、周报、日报和班报。

4. 成本报表的编制

成本报表编制的基本要求是数字准确、内容完整、编报及时。

5. 商品产品成本表

商品产品成本表是指反映企业在报告期内生产的全部商品产品（包括可比产品和不可比产品）的总成本，以及各种主要商品产品的单位成本和总成本的报表。可比产品成本降低额和可比产品成本降低率是本表的两个重要分析指标。

6. 主要产品单位成本表

主要产品单位成本表是指反映企业在报告期内生产的各种主要产品单位成本的构成情况和各项主要技术经济指标执行情况的报表。它是对商品产品成本表的有关单位成本做进一步补充说明的报表。

7. 制造费用明细表

制造费用明细表是指反映企业在一定会计期间内发生的各项制造费用总额及其构成情

况的报表。制造费用明细表中费用明细项目的划分，可参照财政部有关制度的规定，也可以根据企业的具体情况增减。

8. 成本报表分析

成本报表分析的方法有比较分析法、比率分析法和因素分析法。比较分析法是指将分析期的实际数同某些选定的基准数进行对比来揭示实际数与基准数之间的差异，借以了解成本管理中的成绩和问题的一种分析方法。比率分析法是指通过计算各项指标之间的比率，借以考察成本活动的相对效益的一种分析方法。因素分析法是指依据分析指标与其影响因素之间的关系，按照一定的程序和方法，确定各因素对分析指标差异影响程度的一种技术分析方法。

关键名词

成本报表　商品产品生产成本表　可比产品与不可比产品　主要产品单位成本表
制造费用明细表　比较分析法　比率分析法　因素分析法　连环替代法　差额计算法

案例阅读

成本报表的设计

成本报表是为了满足管理的需要而编制的内部报表，主要服务于企业内部经营管理部门，其种类和格式不是由国家统一规定的，报表的种类、格式和编制时间一般都由企业根据生产经营过程的特点和企业管理的具体要求而定。因此，设计成本报表时应多从管理的角度进行考虑。

成本报表的设计应做到内容完整，报表的各项要素应当齐全，包括报表名称，编制单位，编制日期，金额单位，成本项目，报表栏目，报表附注，编制人、复核人、审批人。成本报表的设计还要便于理解和分析，要求做到重点突出、主次分明。

第一步，确定成本报表的名称。

根据设计目的和用途，给成本报表命名。例如，某工厂管理部门需要了解主要产品单位生产成本、成本变动及其构成情况，这就需要设计一张用于反映主要产品单位成本变动分析的报表，可以确定报表名称为主要产品单位成本表。

第二步，确定成本报表的编制单位、编制日期和金额单位。

成本报表的编制单位一般是企业的财会部门，也可以落实到成本核算组；编制时间一般是每月末；金额单位一般为人民币元。

第三步，确定成本报表的格式和报表栏目。

成本项目按财政部门和企业主管部门的规定设计，主要包括直接材料、直接人工、制造费用等，按产品单位成本的历史先进水平、上年实际平均单位成本、本年计划单位成本、本月实际单位成本和本年累计实际平均单位成本等设计栏目。

第四步，确定成本报表的编报程序。

明确成本报表相关人员的职责。由成本会计或成本核算人员编制，由专人复核，并由会计主管或会计机构负责人审批后的成本报表，才可报送给企业管理部门。

典型例题解析

一、判断正误

可比产品成本降低额是指可比产品本年实际总成本比上年实际总成本降低的数额。（　）

参考答案：×

答案解析：可比产品成本降低额是可比产品本年实际总成本比按上年实际单位成本计算的本年总成本降低的数额。

二、选择题

1. 成本报表是为企业内部管理需要的报表，其具体种类、格式由（　　）规定。

A. 会计准则　　B. 会计制度　　C. 财政部门　　D. 企业自身

参考答案：D

答案解析：成本报表是为企业内部管理需要的报表，其具体种类、格式由企业自行规定。

2. 利用商品产品成本表，可以进行（　　　　）分析。

A. 考核商品产品成本计划的执行情况

B. 分析可比产品成本降低任务的完成情况

C. 考核主要产品单位成本计划的执行结果

D. 考核制造费用预算的执行结果

参考答案：AB

答案解析：商品产品成本表的作用是考核全部商品产品和主要商品产品成本计划的执行结果；分析各种可比产品成本降低任务的完成情况。C是主要产品单位成本表的作用，D是制造费用明细表的作用。

练习题

一、单项选择题

1. 按照《企业会计准则》的规定，成本报表是（　　）。

A. 对外报表　　B. 对内报表

C. 既是对外报表，又是对内报表　　D. 对内还是对外，由企业自行决定

2. 产品生产成本表和主要产品单位成本表，通常（　　）编制。

A. 按年　　B. 按月　　C. 按旬　　D. 不定期

3. 可比产品成本降低额的正确计算方法为（　　）。

A. 可比产品按上年实际平均单位成本计算的本年累计总成本－本年累计实际总成本

B. 可比产品按上年实际平均单位成本计算的本年累计总成本－本年累计计划总成本

C. 本年累计实际总成本－本年累计计划总成本

D. 本年累计实际总成本一上年累计实际总成本

4. 可比产品本年与上年相比，其“超支额”和“超支率”应在“降低额”和“降低率”项目内以(　　)填列。

A. 正数　　B. 蓝字　　C. 负数　　D. 红字

5. 主要产品单位成本表的单位成本部分是按(　　)反映的。

A. 费用要素　　B. 成本项目　　C. 费用定额　　D. 消耗定额

6. 本年实际产量按上年实际平均单位成本计算的生产总成本，减去本年累计实际总成本，等于(　　)。

A. 计划成本降低额　　B. 实际成本降低额

C. 实际成本降低率　　D. 计划成本降低率

7. 主要产品单位成本表中的“历史先进水平”是指(　　)。

A. 本企业生产该种产品在历史上第一个年度的成本

B. 本企业生产该种产品在历史上单位成本最低年度的成本

C. 本企业生产该种产品在历史上单位成本最高年度的成本

D. 本企业生产该种产品上一个年度的成本

8. 采用连环替代法进行分析时，三因素的正确替换顺序是(　　)。

A. 产量、单位产品直接材料消耗、材料单价

B. 材料单价、产量、单位产品直接材料消耗

C. 单位产品直接材料消耗、材料单价、产量

D. 单位产品直接材料消耗、产量、材料单价

9. 连环替代法和差额计算法是一种(　　)。

A. 因素分析法　　B. 相关分析法　　C. 比较分析法　　D. 比率分析法

10. 把综合性指标分解为各个因素，研究诸因素变动对综合性指标变动影响程度的分析方法是(　　)。

A. 对比分析法　　B. 趋势分析法　　C. 比率分析法　　D. 因素分析法

11. 可比产品成本降低额与降低率之间的关系是(　　)。

A. 成反比　　B. 成正比　　C. 同方向变动　　D. 无直接关系

12. 生产单一品种情况下，影响可比产品成本降低额变动的因素是(　　)。

A. 产品产量　　B. 产品单位成本

C. 产品产量和产品单位成本　　D. 产品产量、单位成本和品种结构

二、多项选择题

1. 成本报表包括(　　　　)。

A. 商品产品成本表　　B. 主要产品单位成本表

C. 制造费用明细表　　D. 资产负债表

2. 下列属于商品产品成本表正表项目的有(　　　　)。

A. 实际产量　　B. 单位成本　　C. 本月总成本

D. 可比产品成本降低额

3. 下列属于期间费用报表的有(　　　　)。

A. 制造费用明细表　　B. 管理费用明细表

C. 销售费用明细表　　D. 财务费用明细表

4. 商品产品成本表分为(　　)三部分。

A. 可比产品　　B. 不可比产品　　C. 单位成本　　D. 补充资料

5. 主要产品单位成本表反映的单位成本包括(　　)。

A. 本月实际　　B. 同行业同类产品实际

C. 本年计划　　D. 上年实际平均

6. 主要产品单位成本表的项目分析包括(　　)。

A. 直接材料费用分析　　B. 主要技术经济指标分析

C. 直接人工费用分析　　D. 制造费用分析

7. 商品产品成本表中补充资料部分列示的项目有(　　)。

A. 可比产品成本降低额　　B. 可比产品成本降低率

C. 不可比产品成本降低额　　D. 不可比产品成本降低率

8. 常用的成本报表分析方法包括(　　)。

A. 比较分析法　　B. 比率分析法　　C. 连环替代法　　D. 差额计算法

9. 比较分析法可以从下列哪几个方面进行对比分析？(　　)。

A. 实际数与计划数　　B. 实际数与定额数

C. 本期实际与前期实际　　D. 本年实际与以往年度同期实际

10. 比率分析法主要有(　　)。

A. 相关指标比率分析法　　B. 流动比率分析法

C. 构成比率分析法　　D. 速动比率分析法

11. 下列财务指标中,属于相关比率指标的有(　　)。

A. 产值成本率　　B. 销售收入成本率

C. 成本利润率　　D. 制造费用构成比率

12. 工业企业编报的成本报表必须做到(　　)。

A. 数字准确　　B. 内容完整　　C. 字迹清楚　　D. 编报及时

三、判断题

1. 成本报表是内部报表,不需要对外报送。(　)

2. 成本报表主要用来服务于企业内部经营管理,所以报表的种类、格式和编制时间一般由企业自行确定。(　)

3. 某产品是否作为可比产品,主要看该种产品去年或以前年度是否正式生产过,是否具有较完备的成本资料。(　)

4. 对于去年试制成功,今年正式投产的产品,也应作为可比产品。(　)

5. 可比产品成本降低率是指可比产品成本降低额与上年实际总成本之比。(　)

6. 可比产品产量变动因素只对可比产品成本降低额有影响,对成本降低率没有影响。(　)

7. 主要产品单位成本表是对商品产品成本表所做的进一步补充说明。(　)

8. 制造费用明细表所列示的是所有车间的制造费用。(　)

9. 比较分析法只适用于同质指标的数量对比。(　)

10. 采用连环替代法时，数量因素和质量因素的替换顺序是数量因素在先，质量因素在后。（　）

11. 商品产品成本表是反映企业在报告期内生产的全部商品产品总成本的报表。（　）

12. 采用因素分析法进行成本分析时，各因素变动对经济指标影响程度的数额相加，应与该项经济指标实际数与基数的差额相等。（　）

四、实训题

实训 1

目的

练习产品成本报表的编制与分析。

资料

某企业生产甲、乙、丙 3 种产品，本年 12 月份实际产量分别为 300 件、200 件和 100 件，本年实际总产量分别为 3 100 件、2 100 件和 1 100 件，本年 12 月份实际平均单位成本分别为 575 元、475 元和 495 元，本年累计实际平均单位成本分别为 580 元、480 元和 500 元，本年计划单位成本分别为 590 元、490 元和 510 元。甲、乙产品为可比产品，计划产量分别为 2 000件和 1 000 件，上年平均单位成本分别为 600 元和 500 元，丙产品为新产品。

要求

(1) 按上述资料编制商品产品成本表，如表 10.1 所示。

(2) 计算可比产品成本降低额和降低率。

表 10.1　**商品产品成本**

编制单位：　　　　年　月　　　　元

产品名称	计量单位	实际产量		单位成本				本月总成本			本年累计总成本		
		本月	本年累计	上年实际平均	本年计划	本月实际	本年累计实际平均	按上年实际平均单位成本计算	按本年计划单位成本计算	本月实际	按上年实际平均单位成本计算	按本年计划单位成本计算	本年实际
		(1)	(2)	(3)	(4)	(5)	(6)	(7)=(1)×(3)	(8)=(1)×(4)	(9)=(1)×(5)	(10)=(2)×(3)	(11)=(2)×(4)	(12)=(2)×(6)
可比产品													
其中：甲													
乙													
不可比产品													
其中：丙													
合　计													

实训 2

目的

练习材料费用分析。

资料

某企业 2014 年直接材料费用实际为 5 355 元，计划为 4 500 元，实际比计划增加了 855 元。其原材料消耗情况如表 10.2 所示。

表 10.2　　直接材料消耗情况

项　目	单　位	计　划	实　际	差　异
产量	件	100	105	+5
单位产品直接消耗材料	千克	9	8.5	−0.5
材料单价	元	5	6	+1
直接材料费用总额	元	4 500	5 355	+855

要求

用连环替代法计算产品数量、单位产品直接消耗材料数量和材料单位价格变动对材料费用的影响程度。

实训 3

目的

练习可比产品成本降低计划完成情况分析。

资料

某公司生产甲、乙产品，两种可比产品成本资料如表 10.3 所示。

表 10.3　　可比产品成本资料　　元

可比产品	实际产量/件	单位成本		
		上年实际平均	本年计划	本年实际
甲	2 400	250	245	247.5
乙	2 200	200	195	197.5
合　计	4 600	—	—	—

要求

计算全部可比产品成本计划完成情况的降低额和降低率。

实训 4

目的

练习主要产品单位成本各项目的分析。

资料

某公司生产甲产品，单位成本有关资料如表 10.4 所示。

表 10.4 甲产品单位成本资料

项　目	计　划	实　际
材料消耗量/千克	100	90
材料单价/元	5	6
单位产品所耗工时/小时	10	9
每小时工资成本/元	50	55

要求

（1）分析影响直接材料费用变动的因素和各因素对直接材料费用变动的影响程度。

（2）分析影响直接人工费用变动的因素和各因素对直接人工费用变动的影响程度。

五、简答题

1. 简述成本报表的作用。

2. 什么是商品产品成本表？简述其作用。

3. 什么是可比产品？什么是不可比产品？

4. 什么是主要产品单位成本表？简述其作用。

5. 简述因素分析法的要点。

模拟测试一(模块一～模块五)

一、单项选择题

1. 成本会计的对象是(　　)。

A. 产品生产成本　　B. 各项生产费用

C. 生产费用和期间费用　　D. 期间费用

2. 工业企业生产的一定种类、一定数量产品的生产成本的内容包括(　　)。

A. 生产经营管理费用　　B. 管理费用

C. 生产费用与期间费用之和　　D. 为生产这些产品所支出的生产费用之和

3. 下列(　　)费用不能计入产品成本。

A. 燃料和动力　　B. 生产工人工资

C. 期间费用　　D. 车间管理人员工资

4. 下列各项中,属于工业企业费用要素的有(　　)。

A. 财务费用　　B. 工资　　C. 制造费用　　D. 停工损失

5. 企业为生产产品发生的原料及主要材料的耗费,应通过(　　)账户核算。

A.“基本生产成本”　　B.“辅助生产成本”

C.“管理费用”　　D.“制造费用”

6. 下列不计提折旧的项目是(　　)。

A. 未使用的房屋　　B. 当月减少的固定资产

C. 在用设备　　D. 以经营租赁方式租入的固定资产

7. 在辅助生产车间内相互提供劳务不多的情况下,辅助生产费用的分配宜采用(　　)。

A. 直接分配法　　B. 交互分配法

C. 按计划成本分配法　　D. 按年计划费用分配率分配法

8. 交互分配法下,交互分配是指(　　)。

A. 在各受益部门之间分配费用

B. 在相互受益的辅助生产部门之间分配费用

C. 在辅助生产以外的受益部门之间分配费用

D. 在受益的各基本生产车间之间分配费用

9. 能够将劳动生产率和产品负担的费用水平联系起来,使分配结果比较合理的制造费用分配方法是(　　)。

A. 生产工人工时比例分配法　　B. 按年度计划分配率分配法

C. 生产工人工资比例分配法　　D. 机器工时比例分配法

10. 制造费用归集和分配后,应计入产品成本的生产费用都已归集到(　　)账户。

A.“基本生产成本”　　B.“制造费用”

C.“管理费用”　　D.“库存商品”

二、多项选择题

1. 应计入产品成本的费用包括（　　）。
   A. 直接材料　　B. 直接人工　　C. 其他直接费用　　D. 制造费用
2. 成本核算的方式包括（　　）。
   A. 集中核算　　B. 定期核算　　C. 分散核算　　D. 不定期核算
3. 下列各项费用中，属于工业企业费用要素的有（　　）。
   A. 燃料及动力　　B. 工资　　C. 折旧费　　D. 外购材料
4. “制造费用”账户核算的内容包括（　　）。
   A. 折旧费　　B. 劳动保护　　C. 业务招待费　　D. 印花税
5. 计提固定资产折旧，应借记的账户可能是（　　）。
   A. “基本生产成本”　　B. “辅助生产成本”
   C. “制造费用”　　D. “固定资产”
6. 材料费用的分配标准有（　　）。
   A. 材料定额消耗量　　B. 材料定额费用
   C. 产品工时定额　　D. 生产工人工资
7. 月份终了，辅助生产成本按一定分配标准分配给各受益对象，可以借记（　　）科目。
   A. “管理费用”　　B. “制造费用”
   C. “基本生产成本”　　D. “营业外支出”
8. 交互分配法是指（　　）。
   A. 首先在各受益部门之间进行交互分配
   B. 首先在互相受益的辅助生产部门之间进行交互分配
   C. 首先在辅助生产以外的部门之间进行交互分配
   D. 将交互分配以后的费用总额在辅助生产以外的受益部门之间分配
9. 制造费用是企业为生产产品和提供劳务而发生的各项间接费用，包括（　　）。
   A. 生产单位管理人员工资　　B. 生产单位固定资产折旧费
   C. 辅助生产车间工人工资　　D. 基本生产车间的办公费
10. 制造费用的分配方法有（　　）。
   A. 生产工人工时比例法　　B. 机器工时比例分配法
   C. 生产工人工资比例分配法　　D. 年度计划分配率法

三、判断题

1. 成本是企业生产经营过程中发生的各种耗费的总称。（　）

2. 成本会计机构是指处理成本会计的职能部门。（　）

3. 由于自然灾害等原因而发生的非常损失，以及由于非正常原因发生的停工损失等应计入管理费用。（　）

4. 违约金、滞纳金不应计入产品成本而应由利润开支。（　）

5. 原材料费用都是直接计入费用，生产工人工资及提取的工资附加费都是间接计入费用。（　）

6.“材料成本差异”科目的借方反映材料成本的节约差异，贷方反映材料成本的超支差异。（ ）

7. 辅助生产费用的交互分配法，只需要进行一次分配。（ ）

8. 采用交互分配法，对外分配的费用是交互分配前的费用加上交互分配转入的费用，减去交互分配转出的费用。（ ）

9. 制造费用是指制造企业为生产产品和提供劳务而发生的不能直接计入产品成本的各项间接费用。（ ）

10.“制造费用”账户应按不同的费用项目设立明细账。（ ）

四、业务题

某基本生产车间2014年1月发生下列各项业务，编制相关的会计分录。

1. 生产甲、乙两种产品共同耗用A材料11 000千克，车间一般耗用100千克，A材料每千克50元。本月甲产品投产200件，单位产品A材料消耗定额为20千克；乙产品投产600件，单位产品A材料消耗定额10千克(按定额费用比例分配材料费用)。

2. 生产甲、乙产品共同耗用B材料56 000元。本月甲产品投产200件，单位产品B材料消耗定额50千克；乙产品投产600件，单位产品B材料消耗定额30千克(按定额消耗量比例分配材料费用)。

3. 车间本月应付工资共计80 000元，其中生产工人工资72 000元，车间管理人员工资8 000元。甲产品实际生产工时300小时，乙产品实际生产工时500小时(按生产工时比例分配人工费用)。

4. 分别按职工工资总额的8%、20%、2%、1%、0.5%、12%、2%、1.5%计提医疗保险费、养老保险费、失业保险费、工伤保险费、生育保险费、住房公积金、工会经费、职工教育经费。

5. 车间本月耗电 5 000 度，单价 0.5 元，根据电表记录，生产产品耗电 4 000 度，照明用电 1 000 度，甲产品实际生产工时 300 小时，乙产品实际生产工时 500 小时（按生产工时比例分配动力费用）。

6. 车间厂房原值 600 万元，月折旧率 0.5%，设备原值 200 万元，月折旧率 1%。

7. 以现金支付劳动保护费 80 元。

8. 以银行存款本月支付保险费 200 元。

9. 以银行存款支付办公费 160 元。

10. 分配结转本月的制造费用，甲产品实际生产工时 300 小时，乙产品实际生产工时 500 小时（按生产工时比例分配）。

五、计算分析题

1. 某企业设有一个基本生产车间生产甲产品，另设有供电、供暖两个辅助生产车间及行政管理部门。2014 年 1 月辅助生产车间发生的费用为供电车间 13 200 元，供暖车间 10 300元。提供的劳务量如下表所示。

辅助生产车间劳务量汇总表

2014 年 01 月

受益部门	供电车间/度	供暖车间/小时
供电车间		120
供暖车间	2 000	
甲产品生产	12 000	
车间消耗	6 000	3 600
管理部门	2 000	400
合　计	22 000	4 120

要求

(1) 采用直接分配法分配辅助生产费用，并做出会计分录。

辅助生产费用分配表(直接分配法)

年　月　日　　　　元

项　目	供电车间		供暖车间		合　计
	数量/度	金　额	数量/小时	金　额	
待分配费用					
劳务供应量					
费用分配率					
基本生产车间产品耗用					
基本生产车间一般耗用					
行政管理部门耗用					
合　计					

(2) 采用交互分配法分配辅助生产费用，并做出会计分录。

辅助生产费用分配表(交互分配法)

年 月 日

元

项 目	对内交互分配				对外直接分配				合计
	供电车间		供暖车间		供电车间		供暖车间		
	数量/度	金额	数量/小时	金额	数量/度	金额	数量/小时	金额	
待分配费用									
劳务供应量									
费用分配率									
供电车间									
供暖车间									
基本生产产品耗用									
基本生产一般耗用									
行政管理部门									
合 计									

2. 某企业基本生产车间生产 A、B、C 三种产品，2014 年 1 月该车间共发生制造费用 90 000元，A、B、C 三种产品所用生产工人实际工时和机器工时见下表。

生产工人工时和机器工时表

产品品种	生产工人工时/小时	机器工时/小时
A产品	1 200	1 000
B产品	1 800	1 600
C产品	1 500	1 400
合 计	4 500	4 000

要求

分别采用生产工人工时比例法和机器工时比例法分配制造费用并填列制造费用分配表。

制造费用分配表(生产工人工时比例法)

年　月　日　　　　元

应借账户	生产工时	分配率	分配金额
合　计			

制造费用分配表(机器工时比例法)

年　月　日　　　　元

应借账户	生产工时	分配率	分配金额
合　计			

3. 某季节性生产车间全年制造费用计划为 82 400 元；全年各种产品的计划产量为 A 产品 2 000 件，B 产品 1 060 件；单件产品的工时定额为 A 产品 4 小时，B 产品 8 小时。2014 年 2 月份该车间的实际产量为 A 产品 120 件，B 产品 90 件。

要求

(1) 计算制造费用年度计划分配率(列出计算过程)。

(2) 计算2月份应分配转出的制造费用并填列下表(列出计算过程)，编制有关会计分录。

制造费用分配表

年　月　日　　　　元

产品名称	实际产量定额工时	计划分配率	分配金额
A产品			
B产品			
合　计			

4. 某工厂基本生产车间2014年2月生产甲、乙、丙3种产品，共耗用A材料12 000元，A材料每千克5元。其中甲、乙、丙3种产品的产量分别为200件、100件、300件，甲、乙、丙3种产品对A材料的消耗定额分别为3千克、2千克、4千克。生产工人的工资为60 000元，该车间生产甲、乙、丙3种产品的生产工时分别为3 500小时、2 500小时、6 000小时。

要求

(1) 按定额费用比例法，计算甲、乙、丙3种产品应分配多少A材料费用，并填列下表。

材料费用分配表

年　月　日　　　　元

应借科目			共同耗用材料费用			直接领用材料费用	耗用材料费用合计
总账科目	明细科目	成本项目	定额费用	分配率	应分配材料费用		
基本生产成本	甲产品	直接材料					
	乙产品	直接材料					
	丙产品	直接材料					
合　计							

(2) 按产品生产工时比例法，计算甲、乙、丙3种产品分别应分配职工工资，并填列下表。

材料费用分配表

年　月　日　　　　元

应借科目			直接计入	分配计入职工薪酬			合　计
总账科目	明细科目	成本项目		生产工时/小时	分配率	应分配人工费用	
基本生产成本	甲产品	直接人工					
	乙产品	直接人工					
	丙产品	直接人工					
合　计							

模拟测试二（模块六～模块十）

一、单项选择题

1. 企业由于计划减产，或者因停电、待料、机器设备故障而停工，在停工期间发生的一切费用属于（　　）。

A. 修复费用　　B. 报废损失　　C. 停工损失　　D. 废品损失

2. 如果产品入库时是合格品，入库后由于保管不善等原因造成的变质、损坏而发生的损失，应作为（　　）处理。

A. 废品损失　　B. 产品成本　　C. 制造费用　　D. 管理费用

3. 分配制造费用时，在产品约当产量通常按（　　）计算。

A. 100%　　B. 投料程度　　C. 完工程度　　D. 50%

4. 直接材料随生产过程陆续投入，且投料程度与生产进度基本一致，则投料程度为（　　）。

A. 100%　　B. 完工程度　　C. 50%　　D. 0

5. 产品成本计算方法中，最基本的方法是（　　）。

A. 品种法　　B. 分类法　　C. 分批法　　D. 分步法

6. 成本还原是指（　　）进行还原。

A. 直接材料项目　　B. 制造费用项目　　C. 产成品成本

D. 采用逐步结转分步法时，下步骤耗用上步骤的半成品综合成本

7. 下列属于产品成本计算的辅助方法的是（　　）。

A. 分步法　　B. 定额法　　C. 品种法　　D. 分批法

8. 定额法的特点是（　　）。

A. 预先制定料、工、费定额

B. 在料、工、费发生的当时揭示差异

C. 以定额成本为基础，加减各种差异，计算出产品的实际成本

D. 以上 3 点都具备

9. 定额法下，定额变动系数的计算公式是（　　）。

A. $\dfrac{\text{单位产品新旧定额的差额}}{\text{按新定额计算的单位产品定额成本}}$　　B. $\dfrac{\text{单位产品新旧定额的差额}}{\text{按旧定额计算的单位产品定额成本}}$

C. $\dfrac{\text{按新定额计算的单位产品定额成本}}{\text{按旧定额计算的单位产品定额成本}}$　　D. $\dfrac{\text{按旧定额计算的单位产品定额成本}}{\text{按新定额计算的单位产品定额成本}}$

10. 成本报表是为企业内部管理需要的报表，其具体种类、格式由（　　）规定。

A. 会计准则　　B. 会计制度　　C. 财政部门　　D. 企业自身

二、多项选择题

1. 成本核算中的损失性费用是指产品生产过程中所发生的各种损失费用，它包括（　　）。

A. 停工损失　　B. 非常损失　　C. 坏账损失　　D. 废品损失

2. 下列不属于企业废品损失的有(　　　)。

A. 入库后保管不善造成的损失　　B. 运输不当造成的损失

C. 降价出售不合格产品的损失　　D. 实行"三包"造成的损失

3. 下列属于广义在产品的有(　　　)。

A. 正在加工的在制品　　B. 需要继续加工的半成品

C. 未验收入库的产成品　　D. 等待维修的可修复废品

4. 采用约当产量比例法,必须正确计算在产品的约当产量,而在产品约当产量计算正确与否取决于产品完工程度的测定,测定在产品完工程度的方法(　　　)。

A. 按50%平均计算各工序完工率　　B. 分工序分别计算完工率

C. 按定额工时计算　　D. 按原材料消耗定额计算

5. 采用定额比例法分配完工产品和在产品费用,应具备(　　　)的条件。

A. 消耗定额比较准确　　B. 消耗定额比较稳定

C. 各月末在产品数量变化不大　　D. 各月末在产品数量变化较大

6. 按照成本结转的方式不同,成本核算的分步法可以分为(　　　)。

A. 逐步结转分步法　　B. 平行结转分步法

C. 综合结转分步法　　D. 分项结转分步法

7. 采用平行结转分步法计算产品成本时,其主要优点在于(　　　)。

A. 各步骤可以同时计算产品成本

B. 能够提供各个步骤的半成品成本资料

C. 能够直接提供按原始成本项目反映的产品成本资料,不必进行成本还原

D. 能为各生产步骤在产品的实物管理和资金管理提供资料

8. 分类法的优点是(　　　)。

A. 计算结果比较准确

B. 有利于成本的日常控制

C. 可以简化成本计算工作

D. 在产品品种、规格、型号繁多的情况下,分类提供产品成本耗费水平

9. 在定额法下,根据计算方法的不同,脱离定额差异计算可分为(　　　)。

A. 直接材料脱离定额差异　　B. 直接人工脱离定额差异

C. 材料成本差异　　D. 制造费用脱离定额差异

10. 下列属于商品产品成本表正表项目的有(　　　)。

A. 实际产量　　B. 单位成本

C. 本月总成本　　D. 可比产品成本降低额

三、判断题

1. 废品仅指企业在生产过程中发现的废品。(　)

2. 废品损失是指不可修复废品的生产成本,扣除回收废料残值和过失人赔款后的损失。(　)

3. 广义在产品是指某一车间或某一工序正在加工中的那部分在产品。(　)

4. 企业在完工产品和月末在产品之间分配生产费用时，应按成本项目分别计算。 （ ）

5. 定额成本制度不仅是一种基本的成本核算方法，而且还是一种对产品成本进行控制和管理的方法。 （ ）

6. 根据企业生产类型特点和成本管理要求的不同，有时产品全部完工，但其发生的费用仍属于在产品成本。 （ ）

7. 成本还原率可以大于1，也可以小于1。 （ ）

8. 副产品是指工业企业在生产主要产品的生产过程中附带生产出的一些非主要产品。 （ ）

9. 在定额法下，某产品应分配的材料成本差异等于该产品的直接材料定额成本与材料成本差异率的乘积。 （ ）

10. 主要产品单位成本表是对商品产品成本表所做的进一步补充说明。 （ ）

四、业务题

1. 根据下述资料编制必要的会计分录。

(1) 1月生产的甲产品中有10件出现质量问题，这些产品经过修复后可以销售，确定为可修复废品。修复甲产品发生直接材料350元，直接人工180元，应负担制造费用160元，修复过程中收回残料价值25元。

(2) 2月生产的乙产品中有10件出现质量问题，经确定为不可修复废品，予以报废。报废时材料已全部投入，其他费用按照计划成本的50%计算，乙产品的单位计划成本为直接材料135元、直接人工16元、制造费用14元，报废过程中收回残料价值为25元。

2. 某工厂生产A、B两种产品，采用品种法计算成本。根据该厂本月份有关成本资料编制必要的会计分录。

本月车间生产甲产品领用材料9 500元，生产乙产品领用材料9 700元，车间一般消耗领用材料1 000元。本月发生应付车间生产工人薪酬68 000元，应付车间管理人员薪酬6 800元。本月发生的其他制造费用有折旧费4 000元，水电费30 000元，以存款支付劳动保护费12 000元，低值易耗品摊销4 000元。

本月生产耗用实际工时为A产品16 000小时，B产品18 000小时。直接人工和制造费用按产品工时比例在 A、B 两种产品之间进行分配。

五、计算分析题

1. 某工业企业生产乙产品。1 月初在产品费用及本月生产费用之和为原材料费用 14 000元，人工费用 30 000 元，制造费用 12 000 元。完工产品 4 000 件，单件原材料费用定额为 2 元，工时定额为 1.25 小时。月末在产品 1 000 件，单件原材料费用定额为 2 元，工时定额为 1 小时。

要求

采用定额比例法分配计算完工产品与月末在产品成本，并填入下表。

产品成本计算单

产品名称：　　　　　　　　　　　　　　　月　日　　　　　　　　　　　　　　　元

项　目	直接材料	直接人工	制造费用	成本合计
生产费用累计				
费用分配率				
完工产品成本				
单位成本				
月末在产品成本				

2. 某企业生产甲产品，采用约当产量法分配费用。原材料在生产开始时一次投入，单位甲产品由 3 道工序制成，单位产品工时定额为 20 小时，第 1 道工序工时定额为 4 小时，第 2 道工序工时定额为 8 小时，第 3 道工序工时定额为 8 小时，各道工序的在产品加工程度按 50%计算。本月甲产品完工 100 件，各工序在产品数量为第 1 道工序 20 件，第 2 道工序 20 件，第 3 道工序 30 件。月初在产品及本月生产费用累计为直接材料 20 000 元，直接人工

12 000元，制造费用 8 000 元。

要求

(1) 分工序计算完工率。

(2) 分工序计算在产品约当产量，并填入下表。

完工率和约当产量计算表

工　序	在产品数量/件	工时定额/小时	完工率/(%)	约当产量/件
合　计				

(3) 计算费用分配率。

(4) 计算完工产品费用和月末在产品成本，并填入下表。

产品成本计算单

产品名称：　　　　　　　　　　　　月　日　　　　　　　　　　　　元

项　目	直接材料	直接人工	制造费用	合　计
月初及本月生产费用合计				
费用分配率				
完工产品成本				
单位成本				
月末在产品成本				

（5）编制完工产品入库的会计分录。

3. 某生产车间生产甲产品，本月投产 100 件，全部完工，验收入库时发现不可修复废品 10 件。本月共计消耗生产工时 100 小时，其中生产废品工时 10 小时。甲产品成本明细账所记合格品和废品的全部生产费用为原材料 3 100 元，职工薪酬 1 000 元，制造费用 800 元。原材料是在生产开始时一次投入，废品残料入库作价 100 元。

要求

根据以上资料，计算不可修复废品损失填入下表，并编制有关废品损失的会计分录。

废品损失计算表

产品： 年 月 日 元

项 目	数量/件	直接材料	生产工时/小时	直接人工	制造费用	合 计
生产费用						
费用分配率						
废品生产成本						
减：废品残值						
应收赔偿款						
废品损失						

4. 某企业 2014 年直接材料费用实际为 139 810 元，计划为 156 000 元，实际比计划降低了16 190元，其原材料消耗情况如下表所示。

直接材料消耗情况表

项　目	单　位	计　划	实　际	差　异
产量	件	400	410	+10
单位产品直接消耗材料	千克	30	31	+1
材料单价	元	13	11	−2
直接材料费用总额	元	156 000	139 810	−16 190

要求

用连环替代法和差额计算法计算产品数量、单位产品直接消耗材料数量和材料单位价格变动对材料费用的影响程度。

模拟测试三

一、单项选择题

1. 下列属于应计入产品成本的费用是(　　)。

A. 管理费用　　B. 财务费用　　C. 销售费用　　D. 制造费用

2. 下列属于工业企业成本项目的有(　　)。

A. 原材料　　B. 工资　　C. 燃料及动力　　D. 直接人工

3. “材料采购”科目贷方反映验收入库材料的(　　)。

A. 节约差异　　B. 实际成本　　C. 超支差异　　D. 计划成本

4. 将辅助生产车间发生的各项费用直接分配给辅助生产车间以外的各受益单位,这种分配方法为(　　)。

A. 计划成本分配法　　B. 直接分配法

C. 顺序分配法　　D. 代数分配法

5. 辅助生产费用的分配方法中,不考虑各辅助生产车间相互之间提供劳务的是(　　)。

A. 直接分配法　　B. 交互分配法

C. 按计划成本分配法　　D. 按生产工时分配法

6. 采用(　　)分配制造费用,制造费用科目月末可能有贷方余额。

A. 生产工人工时比例法　　B. 生产工人工资比例法

C. 机器工时比例法　　D. 按年度计划分配率分配法

7. 不论是在生产过程中发现的废品损失,还是在入库后发现的废品损失,均不包括(　　)。

A. 修复废品领用材料　　B. 修复废品人员薪酬

C. 不可修复废品报废造成的损失　　D. 入库后保管不善造成的损失

8. 直接材料在生产开始时一次投入,则投料程度为(　　)。

A. 100%　　B. 完工程度　　C. 50%　　D. 0

9. 在采用逐步结转分步法的情况下,下步骤耗用的上步骤半成品成本应转入下步骤产品成本项目中,应计入(　　)。

A. 直接材料项目　　B. 直接人工项目

C. 制造费用项目　　D. 直接材料项目或半成品项目

10. 产品成本计算不定期,一般也不存在完工产品与在产品之间费用分配问题的成本计算方法是(　　)。

A. 平行结转分步法　　B. 逐步结转分步法

C. 分批法　　D. 品种法

二、多项选择题

1. 下列各项费用,属于期间费用的是(　　　　)。

A. 财务费用　　B. 制造费用　　C. 管理费用　　D. 销售费用

2. 下列费用中，不属于工业企业费用要素的有（　　）。
A. 外购燃料　B. 制造费用　C. 直接人工　D. 直接材料
3. 下列选项中，其折旧额随使用年限的增加而逐渐减少的折旧方法是（　　）。
A. 使用年限法　B. 工作量法
C. 年数总和法　D. 双倍余额递减法
4. 辅助生产部门分配费用的方法有（　　）。
A. 生产工时比例法　B. 交互分配法
C. 直接分配法　D. 计划成本分配法
5. 计入产品成本的各项材料费用，按照用途分配，应记入（　　）科目。
A. "管理费用"　B. "制造费用"　C. "基本生产成本"　D. "在建工程"
6. 平行结转分步法下，只计算（　　）。
A. 各步骤半成品的成本
B. 本步骤发生的费用应计入产品成本中的份额
C. 上一步骤转入的费用
D. 本步骤发生的各项其他费用
7. 不适合于月末在产品数量较大，且各月末在产品数量变动较大的方法有（　　）。
A. 不计算在产品成本法　B. 在产品成本按年初在产品成本计算法
C. 在产品按定额成本计价法　D. 定额比例法
8. 产品成本计算的基本方法有（　　）。
A. 品种法　B. 分步法　C. 分批法　D. 分类法
9. 定额法主要适用于（　　）的企业采用。
A. 定额管理制度比较健全　B. 定额管理工作基础比较好
C. 产品生产已经定型　D. 各项消耗定额都比较准确和稳定
10. 常用的成本报表分析方法包括（　　）。
A. 比较分析法　B. 比率分析法　C. 连环替代法　D. 差额计算法

三、判断题

1. 成本会计的对象是指企业在生产经营过程中发生的生产费用和期间费用。（　）
2. 企业应当按照会计分期原则和权责发生制原则，划清应计入本期成本和不应计入本期成本的费用界限。（　）
3. 不设立"燃料和动力"成本项目的产品，其燃料消耗可计入"直接材料"成本项目。（　）
4. 由于在辅助车间之间进行了相互提供产品或劳务的交互分配，所以交互分配法的分配结果最准确。（　）
5. 制造费用包括直接用于产品生产，但管理上不要求或核算上不便于单独核算，因而没有专设成本项目的费用。（　）
6. 季节性生产企业在停工期间发生的费用，应计入停工损失。（　）
7. 对于从一个车间直接转给另一个车间继续加工的自制半成品，需要通过"自制半成品"账户核算。（　）
8. 在产品成本计算分批法下，产品批别是生产企业组织生产、安排生产的依据，也是成

本计算的对象。（ ）

9. 在分类法下，产品成本明细账按类别开立，因而能够简化成本核算工作。（ ）

10. 可比产品成本降低率是指可比产品成本降低额与上年实际总成本之比。（ ）

四、计算分析题

1. 某工厂生产甲产品，原材料在生产开始时一次投入，产品成本中原材料所占的比重较大，月末在产品按所耗原材料费用计算。2014 年 4 月，月初在产品的原材料费用 4 800 元，4 月份发生的生产费用为原材料 76 000 元、燃料及动力 24 000 元、生产工人薪酬 23 000 元、制造费用 37 000 元。本月完工产品 400 件，月末在产品 100 件。

要求

(1) 采用在产品按所耗原材料费用法在完工产品和在产品之间分配费用，并计算本月完工产品和月末在产品的总成本和单位成本。

(2) 登记甲产品成本明细账，并填入下表。

产品成本明细账

产品名称：甲产品　　　　　　　　　　年　月　　　　　　　　　　元

年		摘　要	直接材料	燃料及动力	直接人工	制造费用	合　计
月	日						
		月初在产品成本					
		本月生产费用					
		合　计					
		完工产品成本					
		月末在产品成本					

2. 某工业企业生产甲产品，采用品种法计算产品成本。5 月初在产品直接材料成本 30 万元，直接人工成本 8 万元，制造费用 2 万元。5 月份发生直接材料成本 75 万元，直接人工成本 20 万元，制造费用 6 万元。5 月末甲产品完工 50 件，在产品 100 件。月末计算完工产品成本时，直接材料成本按完工产品与在产品数量比例分配，直接人工成本和制造费用采用定额工时比例分配。单位产成品工时定额 20 小时，单位在产品工时定额 10 小时。

要求

(1) 计算甲完工产品应负担的直接材料成本、直接人工成本和制造费用。

(2) 计算甲完工产品总成本，并编制完工产品入库的会计分录。

3. 某工厂 2014 年 5 月份生产丁产品各项消耗定额比较准确、稳定，各月末在产品数量变化不大，月末在产品按定额成本计算。该产品月初和本月发生的生产费用合计：原材料 96 040元，生产工人薪酬 30 500 元，制造费用 24 000 元。原材料在生产开始时一次投入，单位产品原材料费用定额 140 元。完工产品产量 840 件，月末在产品 200 件，定额工时共计 1300 小时。每小时费用定额：工资 4 元，制造费用 6 元。

要求：

采用定额成本法计算在产品成本，分配计算月末在产品成本和完工产品成本，并登记产品成本明细账（见下表）。

产品成本计算单

产品名称：丁产品　　　　年　月　　　　元

项　目	生产费用合计	月末在产品成本	完工产品成本
直接材料			
直接人工			
制造费用			
合　计			

产品成本明细账

产品名称：丁产品　　　　年　月　　　　元

年		摘　要	直接材料	直接人工	制造费用	合　计
月	日					
		月初在产品成本				
		本月生产费用				
		合　计				
		完工产品成本				
		月末在产品成本				

4. 某企业某月份在生产过程中发现废品，资料如下。

(1) 该厂基本生产车间本月生产甲产品 2 000 件，其中合格产品 1 850 件，不可修复废品 100 件，可修复废品 50 件。

(2) 生产甲产品 2 000 件，共发生工时 48 000 小时，其中不可修复废品为 2 400 小时。

(3) 本月生产甲产品共发生直接材料费用 40 000 元，直接人工费用 96 000 元，制造费用28 800元。

(4) 本月对可修复废品进行修理而发生材料费 560 元，工资费 640 元，工资附加费 89.6 元，制造费用 1 210.40 元。

(5) 生产甲产品所需的原材料，系开始投产时一次投入。

(6) 不可修复废品 100 件的残值，估计为 270 元，作为废料入库。

要求

(1) 编制不可修复废品成本计算表。

不可修复废品成本计算表

元

项　目	数量/件	直接材料	工时/小时	直接人工	制造费用	合　计
合格品和废品生产费用						
费用分配率						
废品生产成本						

(2) 编制废品损失归集与结转的会计分录。

(3) 登记废品损失明细账，并填入下表。

废品损失明细账

××车间:甲产品　　　　年　月　　　　元

年		凭证号	摘　要	直接材料	直接人工	制造费用	合　计
月	日						
略	略	略	转入不可修复废品生产成本				
			可修复废品负担的材料费用				
			可修复废品负担的人工费用				
			可修复废品负担的制造费用				
			结转废品残料价值				
			废品净损失 转出废品净损失				

(4) 登记甲产品成本明细账，并填入下表。

基本生产成本明细账

元

年		凭证号	摘　要	直接材料	直接人工	制造费用	废品损失	合　计
月	日							
略	略	略	耗用直接材料					
			耗用直接人工					
			耗用制造费用					
			减:不可修复废品成本					
			转入废品净损失					
			本月合格品总成本					

模拟测试四

一、单项选择题

1. 作为成本控制与考核的依据是(　　)。

A. 成本预测　　B. 成本决策　　C. 成本计划　　D. 成本核算

2. 正确计算产品成本,应做好的基础工作是(　　)。

A. 确定成本计算对象　　B. 定额的制定和修订

C. 算管结合,算为管用　　D. 正确划分各种费用界限

3. 实际工作中的产品成本是指(　　)。

A. 制造成本　　B. 管理费用　　C. 销售费用　　D. 财务费用

4. (　　)是指每一职工在单位时间内应得的工资额。

A. 计时工资　　B. 计件单价　　C. 标准工资　　D. 工资标准

5. 下列属于辅助生产费用分配方法的是(　　)。

A. 定额费用比例法　　B. 计划分配率法

C. 计划成本分配法　　D. 生产工时分配法

6. "制造费用"账户应按照(　　)设置明细账。

A. 费用科目　　B. 产品品种　　C. 车间部门　　D. 生产工序

7. 废品净损失分配转出时,应借记(　　)账户,贷记"废品损失"账户。

A. "制造费用"　　B. "基本生产成本"

C. "管理费用"　　D. "营业外支出"

8. 各工序在产品的数量及完工程度比较均衡的企业,计算在产品约当产量时,完工程度为(　　)。

A. 100%　　B. 0　　C. 50%　　D. 投料程度

9. 大量、大批多步骤生产,管理上不要求按照生产步骤计算产品成本,应采用的成本计算方法是(　　)。

A. 品种法　　B. 分批法　　C. 分步法　　D. 分类法

10. 联产品是指(　　)。

A. 企业使用同样的原材料进行加工,同时生产出几种具有不同使用价值的产品

B. 企业使用同样的原材料进行加工,同时生产出主要产品和副产品

C. 企业使用同样的原材料进行加工,同时生产出不同质量的产品

D. 企业使用不同的原材料加工出的不同产品

二、多项选择题

1. 经营管理费用包括(　　　　)。

A. 制造费用　　B. 销售费用　　C. 管理费用　　D. 财务费用

2. 下列属于工资总额范畴的有(　　　　)。

A. 计时工资　B. 计件工资　C. 奖金　D. 退休金

3. 辅助生产车间不设“制造费用”科目核算是因为(　　)。

A. 辅助生产车间规模较小,发生制造费用较少

B. 辅助生产车间不对外销售产品

C. 为了简化核算

D. 没有必要

4. 按年度计划分配率分配法分配制造费用后,“制造费用”科目月末(　　)。

A. 既有借方余额又有贷方余额　B. 无余额

C. 有借方余额　D. 有贷方余额

5. 可修复废品必须具备的条件有(　　)。

A. 在技术上可以修复　B. 在经济上合算

C. 修复后可以使用　D. 不考虑修复费用

6. 生产费用在完工产品与在产品之间分配的方法有(　　)。

A. 约当产量法　B. 定额比例法

C. 计划成本比例法　D. 不计算在产品成本法

7. 采用逐步结转分步法时,各步骤(除第一步骤外)本期应计的生产成本包括(　　)。

A. 本步骤发生的直接人工成本　B. 本步骤发生的制造费用

C. 本步骤完工的半成品或产成品成本　D. 期末在产品成本

8. 产品成本计算的辅助方法有(　　)。

A. 分步法　B. 分类法　C. 分批法　D. 定额法

9. 采用定额法计算产品实际成本,产品实际成本的组成项目有(　　)。

A. 产品定额成本　B. 脱离定额差异　C. 材料成本差异　D. 定额变动差异

10. 成本报表包括(　　)。

A. 商品产品成本表　B. 主要产品单位成本表

C. 制造费用明细表　D. 资产负债表

三、判断题

1. “辅助生产成本”账户期末一定无余额。(　)

2. 采用计件工资制时,直接人工费用是直接计入费用。(　)

3. 辅助生产费用的直接分配法适用于辅助生产车间内部相互提供产品或劳务不多企业。(　)

4. 辅助生产交互分配后的实际费用,应在各受益单位之间进行分配。(　)

5. 制造费用所有的分配方法,分配后制造费用期末都没有余额。(　)

6. 凡是修复后可以使用的废品就是可修复废品。(　)

7. 约当产量是指将月末在产品数量按照完工程度折算成的相当于完工产品的产量。(　)

8. 成本计算对象直接体现了企业生产类型的特点和成本管理的要求。(　)

9. 在定额法下,产品实际成本为产品定额成本与脱离定额差异、材料成本差异、定额变动差异的代数和。(　)

10. 成本报表是内部报表，不需要对外报送。 （ ）

四、计算分析题

1. 某工厂2014年5月份完工乙产品220件，月末在产品40件，完工率为50%。月初在产品和本月生产费用累计为原材料26 000元，燃料及动力20 880元，生产工人薪酬12 000元，制造费用18 720元，废品损失2 200元。原材料在生产开始时一次投入，原材料费用按照完工产品和月末在产品数量比例分配，其他各项费用按照完工产品的数量和月末在产品的约当产量比例进行分配。

要求

（1）计算月末在产品的约当产量、各项费用的分配率。

（2）计算乙产品完工产品和在产品成本，将结果填入下表。

完工产品和在产品成本计算表

产品名称：乙产品　　　　年　月　　　　元

项　目	直接材料	燃料及动力	直接人工	制造费用	废品损失	合　计
生产费用累计						
在产品完工程度						
在产品约当产量						
完工产品产量						
分配率（单位成本）						
完工产品总成本						
月末在产品						

2. 某工厂2014年5月份丙产品成本明细账所记资料如下：月初在产品：原材料7 400元，生产工人薪酬5 900元，制造费用5 240元。本月生产费用：原材料20 600元，生产工人薪酬13 000元，制造费用25 000元。本月完工产品100件，单件定额：原材料160元，工时110小时。月末在产品40件，单件定额：原材料100元，工时40小时。

要求：

采用定额比例计算分配完工产品成本和月末在产品成本（原材料按定额费用比例分配，其他费用按定额工时比例分配），编制产品成本明细账。请将结果填入表中。

产品成本计算单

产品名称：丙产品　　　　年　月　　　　单位：元

成本项目		直接材料	直接人工	制造费用	合　计
月初在产品					
本月生产费用					
生产费用合计					
费用分配率					
完工产品	定额				
	实际				
月末在产品	定额				
	实际				

产品成本明细账

产品名称：丙产品　　　　年　月　　　　单位：元

年		摘　要	直接材料	直接人工	制造费用	合　计
月	日					
		月初在产品成本				
		本月生产费用				
		合　计				
		完工产品成本				
		月末在产品成本				

3.某工厂一车间本月生产甲、乙两种产品，二车间本月只生产丙产品。甲、乙、丙三种产品的实际生产工时分别为：甲产品 14 000 小时，乙产品 16 000 小时，丙产品 20 000 小时。本月份发生的相关费用资料如下：①职工工资：一车间工人工资 11 400 元，管理人员工资 684 元；二车间工人工资 17 100 元，管理人员工资 570 元；行政管理人员工资 5 700 元。②材料费用：一车间生产领用材料 34 000 元，二车间生产领用材料 58 000 元；③一般机物料耗用：一车间耗用 3 400 元，二车间耗用 2 450 元。④水电费：一车间 551 元，二车间 399 元，行政

管理部门 830 元。⑤固定资产折旧费：一车间 4 600 元，二车间 3 200 元，行政管理部门 3 800元。⑥其他费用：一车间低值易耗品摊销费 2 930 元，二车间低值易耗品摊销费 2 400 元，行政管理部门业务招待费 2 200 元。

要求：

(1)根据以上资料计算该工厂本月制造费用总额。

(2)按生产工时比例分配本月制造费用。

(3)登记制造费用明细账。

制造费用明细账

车间：一车间　　　　　　　　　　　　年　月

年		凭证号数	摘　要	费用项目								合　计
月	日											

制造费用明细账

车间：二车间　　　　　　　　　　　年　月

年		凭证号数	摘　要	费用项目								合　计
月	日											

5. 某产品由甲、乙两个零件组成。原材料在零件投产时一次投入，甲、乙两个零件所耗原材料定额分别为10元和12元。该产品各工序工时定额和某月在产品数量如下表所示。

各工序工时定额和在产品数量表

零件名称	所在工序号	本工序工时定额/小时	在产品数量/件
甲	1	6	200
	2	4	160
	小　计	10	360
乙	1	12	400
	2	8	200
	小　计	20	600

每道工序在产品累计工时定额按上道工序累计工时定额加上本工序工时定额的50%计算。每小时费用定额为燃料与动力1元，直接人工费用1.2元，制造费用1.6元。

要求

采用月末在产品按定额成本计价法，计算完工产品成本，并登记产品成本明细账。

月末在产品定额成本计算表

元

零件名称	所在工序	在产品数量/件	原材料费用		工　时		燃料与动力	直接人工	制造费用	合　计
			单件定额	定额费用	单件累计定额	定额工时				
甲	1	200								
	2	160								
乙	1	400								
	2	200								
合　计										

产品成本明细账

元

摘　要	直接材料	燃料与动力	直接人工	制造费用	合　计
月初在产品成本	9 000	3 260	3 456	4 800	20 516
本月生产费用	79 000	27 420	51 120	78 976	236 516
合　计					
完工产品成本					
月末在产品成本					

尊敬的老师：

您好。

请您认真、完全地填写以下表格的内容(务必填写每一项)，索取相关图书的教学资源。

教学资源索取表

书　名				作 者 名	
姓　名		所在学校			
职　称		职　务		讲授课程	
联系方式	电话：			E-mail：	
地址(含邮编)					
贵校已购本教材的数量(本)					
所需教学资源					
系/院主任姓名					

系/院主任：＿＿＿＿＿＿＿＿＿＿(签字)

(系/院办公室公章)

20＿＿年＿＿月＿＿日

注意：

① 本配套教学资源仅向购买了相关教材的学校老师免费提供。

② 请任课老师认真填写以上信息，并**请系/院加盖公章**，然后传真到(010)80115555转718438上索取配套教学资源。也可将加盖公章的文件扫描后，发送到fservice@126.com上索取教学资源。

電子工業出版社 PHEI PUBLISHING HOUSE OF ELECTRONICS INDUSTRY